Contents

JN109071

学習支援サイト「プラスウェブ」のご案内

●スマートフォンやタブレット端末などを使って、大学入学共通テストの
サンプル問題・試作問題と、その解答を閲覧できます。

●大学入学共通テスト対策問題用のマークシートも用意しています。

URL：https://dg-w.jp/b/a5d0001

[注意]　①　インターネットの利用については、先生の指示にしたがってください。

　　　　②　コンテンツの利用に関しては、一般に、通信料が発生します。

1 情報とは

■1 情報の特性

❶情報の役割

私たちは情報を得ることで適切な意思決定を効率よくおこなっている。

(a)**データ**…観測して得られた数値や事実を数字や記号、文字などで表現したもの。

(b)**情報**…データを、目的に応じて体裁を整えたもの。

(c)**DIKW ピラミッド**…情報から理解したものを知識という。得られた知識を
もとに意思決定に活用できるようになると知恵とよべるようになる。この
ようにデータから知恵までをピラミッドモデルとして定義したものが DIKW ピラミッドである。
Data Information Knowledge Wisdom

❷情報の特性

代表的な情報の特性は3つあり、情報がデジタル化される
ことでそれらはより顕著になった。

- ●**残存性**…一度生じた情報は消えない。情報をだれかに伝
  えたとしても、自分のなかの情報は消えない。情報は相
  手に渡しても元の情報は残る。一度世に出た情報は消え
  ないので、個人情報の流出が起きないよう注意を払う必
  要がある。
- ●**複製性**…物質と異なり、情報は複製して同一のものをつ
  くりだすことが容易である。
- ●**伝播性**…情報は人々の間を容易に伝播して広められてい
  く。この伝播性を悪用して、マルチ商法やデマ情報など
  の問題が拡大している。

❸情報の評価

知り得た情報すべてが信じられるものとは限らない。次の3つの項目を参考に情報を評価する必要がある。

- ●**信憑性**…うわさや口コミなどの情報が信じられるものかどうかを意味することば。
- ●**一次情報**…発信者が直接体験し、調査して得た情報のこと。
- ●**二次情報**…一次情報の発信者によって発信された情報をもとにできた情報のこと。

■2 メディア

メディアとは情報の伝達を仲介する媒体のことである。日常生活では、テレビや新聞などのマスメディアをさすた
めに使われることも多い。

❶メディアの分類

メディアは、たとえば次のように分類することができる。

- ●**表現メディア**…メディア内で表現されているもの。例：文字、音声、絵 など
- ●**記録メディア**…表現メディアを記録するためのもの。 例：紙、CD や DVD などの光ディスク、
  メモリカード など
- ●**伝達メディア**…表現メディアを伝達するためのもの。 例：電波、電線、光ファイバケーブル など
  →たとえば「テレビ」や「新聞」とい
  うメディアでは、表のようにそれぞ
  れのメディアが利用されているとみ
  なすことができる。

	表現メディア	記録メディア	伝達メディア
テレビ	音声、動画、文字	ビデオテープ、DVD	電波、電線、光ファイバケーブル
新聞	文字、図、表	紙	インク

❷メディアリテラシー

　情報には送り手や受け手の意図が介在している。情報を鵜呑みにせず、意図を正しく読み解く能力のことを**メディアリテラシー**といい、情報があふれる現代において重要視されている。

(a)留意するべき点

- ●**受信者の存在**…情報は受け取る人が存在する。送り手が発信した情報を受け手が受け取ることで、情報の意味が生じる。受け手の存在を意識し、配慮して発信する必要がある。

- ●**意図の介在**…情報の受信・発信には意図がともなう。情報を発信する場合も、受信する場合も、何らかの意図が介在している。情報の発信者は、情報発信の意図が伝わりやすく工夫することが大切である。受信者は、発信者の意図を理解しようとする努力が必要である。

- ●**価値の個別性**…情報の価値は受信者によって異なる。情報を受け取る人の価値観によって、有益かどうかが決まる。情報を発信する場合には、発信者の価値観のみで判断しないよう気をつける必要がある。

映画のCMで公開日初日なのに「大ヒット上映中」と流すのは、「ヒットさせたい」という意図が含まれる

安売りの広告には、お店側が売りたいともくろむ商品が並んでいる

プロセス

次の文中の空欄に適切な語を答えよ。

1 観測して得られた数値などを　ア　といい、目的に応じて体裁を整えたものを　イ　という。

2 情報を発信するときは、　ウ　の存在を意識し、配慮して発信する必要がある。

3 あやしい情報かどうかを見抜くには、情報の発信者の　エ　を理解しようと努力することが大切である。

4 情報の受け手の　オ　によって、有益な情報かどうかが決まる。

5 情報をだれかに伝えたとしても、自分のなかからは　カ　。

6 情報がデジタル化されたことで、一度に大量の情報を容易に　キ　して同一のものをつくれるようになった。

7 情報はSNSなどを通じて容易に　ク　して広められていく。

8 情報が信頼できるものか評価するためには、　ケ　を考慮する必要がある。特に発信者が直接体験した　コ　なのか、他の発信者によって発信された情報をもとにしてできた　サ　なのかを確認するとよい。

9 書籍やCDなどは、紙やディスクといった　シ　メディアではなく、　ス　メディアを使って記された情報に価値がある。コンテンツの中身よりも投票券や握手券の価値によって買い支えられているコンテンツが蔓延する昨今では、何に価値があるのかを正しく理解する　セ　という能力が求められている。

プロセスの解答

1 ア. データ　イ. 情報　**2** ウ. 受け手(受信者)　**3** エ. 意図　**4** オ. 価値観　**5** カ. 消えない　**6** キ. 複製

7 ク. 伝播　**8** ケ. 信憑性　コ. 一次情報　サ. 二次情報　**9** シ. 記録　ス. 表現　セ. メディアリテラシー

知識

1 **情報とは** 次の表は、ある1週間の天気予報の内容である。表から読み取ったア〜エを①データ、②情報、③知識、④知恵に分類せよ。

曜日	月	火	水	木	金	土	日
天気	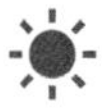 ☀	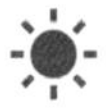 ☀	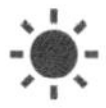 ☀	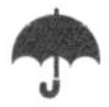 ☂	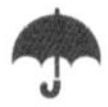 ☂	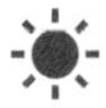 ☀	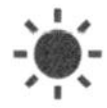 ☀
最高気温(℃)	25	27	29	26	23	25	29
最低気温(℃)	15	16	18	20	13	17	19

ア．左下に「15」と書いてある。

イ．金曜日の夜は木曜日の夜よりも冷えそうだ。

ウ．木曜日は傘を持ち歩こう。

エ．日曜日は暖かい。

知識

2 **情報の特性** 次のア〜カがあらわす情報の特徴を、あとの①〜⑥より選べ。

ア．情報は受け取る人が存在する。

イ．情報の受信・発信には意図がともなう。

ウ．情報の価値は人それぞれである。

エ．一度生じた情報は消えない。

オ．大量の複製が容易にできる。

カ．情報はすぐに広がる。

【解答群】

① 情報の複製性　② 情報の残存性　③ 情報の伝播性

④ 意図の介在　⑤ 受信者の存在　⑥ 価値の個別性

思考

3 **メディアリテラシー** 右の図は民間のテレビ放送局と視聴者と番組のスポンサーの関係をあらわしたものである。ア〜エのなかで**最も適切ではないもの**を選べ。

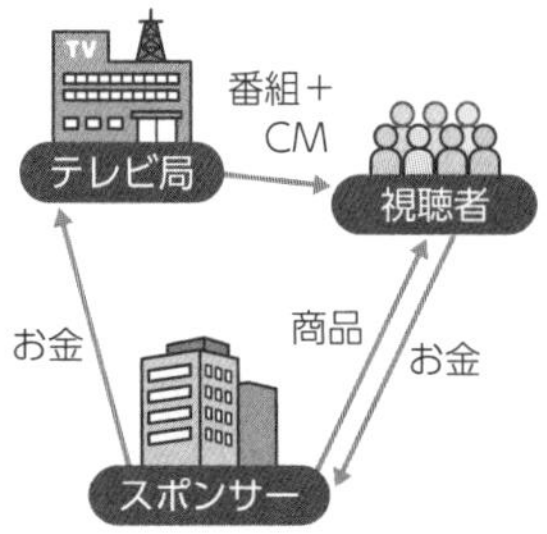

ア．テレビ局はスポンサーの意向に関係なく、放送したい番組を制作し放送できる。

イ．テレビ局はスポンサー企業の商品の購買意欲が高まるような番組を制作する。

ウ．テレビ局にお金を払うのはスポンサーなので、視聴者は顧客ではないといえる。

エ．テレビ番組は、スポンサーが降りないよう注意を払いながら制作される。

思考 **グラフ**

4 **メディアリテラシー** 下のグラフについての説明で、**まちがっているもの**を選べ。

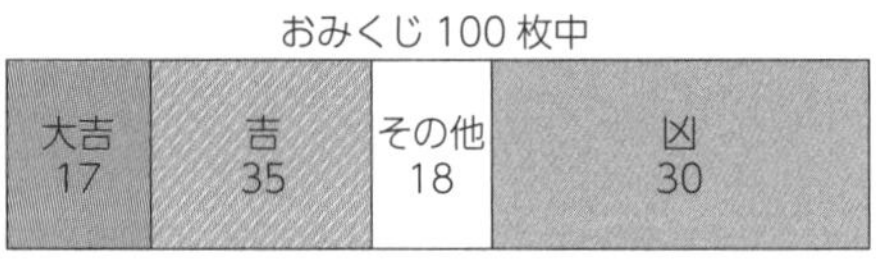

おみくじ 100 枚中

大吉 17	吉 35	その他 18	凶 30

ア．数値も面積も問題なく正しいグラフとして表現されている。

イ．凶の数が吉よりも少ないはずなのに、凶が多く見えるように印象操作されている。

ウ．大吉が 17 枚で凶が 30 枚なのに、大吉の面積を 2 倍にしても凶よりも小さい。

発展問題

[知識] 5 情報とは ……難易度 ★★☆

次の文章中の下線部①〜④について、データ、情報、知識、知恵のうちどれにあてはまるか。組み合わせとして正しいものを次の選択肢ア〜エから選び答えよ。

世界の人口に関する調査結果などがまとめられている世界人口白書によると、①2022年の世界人口は79億5400万人であり、前年に比べ7900万人増加している。②2050年には97億人になると予想されており、③1950年からの100年間に人口が約72億人増加する見込みである。このような④人口の急速な増加により、世界で食料不足や環境問題が生じることが懸念されており、人口増加を抑制するための対策が講じられている。

ア．① データ　② 情報　③ 知識　④ 知恵　　　イ．① 情報　② データ　③ 知識　④ 知恵

ウ．① データ　② 情報　③ 知恵　④ 知識　　　エ．① 情報　② データ　③ 知恵　④ 知識

[思考] [グラフ] 6 メディアリテラシー ……難易度 ★★☆

「Swift」「PZ5」「YBox」「PZ4」というゲーム機が話題になっている。これら4機種の売り上げを表現した右の円グラフから、どのような意図が読み取れるか。あてはまるものをすべて選べ。

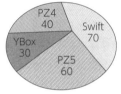

ア．Swift が最も売れているように見せたい。

イ．PZ5 が最も売れているように見せたい。

ウ．PZ4 と YBox を比べて、YBox も負けずに売れているように見せたい。

エ．PZ4 が PZ5 よりも売れているように見せたい。

[思考] 7 情報の評価 ……難易度 ★☆☆

「コーヒーを毎日飲むと、健康によい」という情報を得た。この情報の発信源として、次のうちどれが最も信頼できるか答えよ。

ア．コーヒー製造会社の Web サイト　　　イ．インターネットで検索して上位に表示された Web サイト

ウ．医学的な研究結果が掲載された科学雑誌　　エ．友人による口コミ

[知識] 8 メディアの分類 ……難易度 ★★☆

表現メディア、記録メディア、伝達メディアとして考えられるものを書き出し、分類した。しかし、このなかで1つだけまちがえて分類しているものがある。記号で答えよ。

ア．文字	エ．電波	キ．紙
イ．記号	オ．空気	ク．光ディスク
ウ．静止画	カ．光	ケ．動画

[知識] 9 情報の特性 ……難易度 ★☆☆

次の3つの文章には、情報の残存性、複製性、伝播性に関する内容が含まれている。それぞれの特性に該当する文章を選択せよ。

ア．インターネット上の情報や Web ページは、長期間にわたって残存することがある。

イ．SNS を活用することで、情報を瞬時に世界中の人へ拡散することができる。

ウ．電子書籍は紙の本と違い、一度購入すれば自分が持っているどのデバイスからも読むことができる。

ヒント

8 「音」という「表現メディア」を伝える「伝達メディア」は「空気」である。

2 問題解決

1 問題解決の手順と発想法

❶問題解決の手順

問題解決をおこなうときには、まず問題を発見し、その本質を見きわめる必要がある。そのうえで、解決するために情報を収集し、解決策を講じる。解決策を考えるためには、事前に計画を立てて、結果を予測し、実行する。実行後は結果を振り返ることで、次の問題解決にいかすことができる。

(a)**問題の発見**…まずは解決すべき問題を認識する。

(b)**問題の定義**…問題を発見したら、その本質を見きわめる必要がある。複雑にからみあっている場合は、細かく分解し理解する。

(c)**情報の収集と分析**…解決すべき問題について現状を把握したら、それに対する解決策を調べる必要がある。少ない情報源から得たものだけに頼るのではなく、複数の解決策を探す。

(d)**解決策の探索**…解決策の候補がそろったら、そのなかから最適なものを選ぶ。

(e)**計画の立案**…解決策をどのように実行するのか、計画を立てることであらたな視点が生まれ、より解決に近づくことができる。

(f)**結果の予測**…やみくもに計画を実行せずに、結果を予測し、よりよい計画につくりかえることが大切である。

(g)**計画の実行**…緻密に立てた計画を確実に実行することで、解決に近づくことができる。

(h)**振り返り**…問題を解決するだけでなく、あらたな問題が発生していないかたしかめる。進め方に問題がなかったかなどの**フィードバック**を得ることで、次の問題解決にいかすことができる。

● **PDCA サイクル**…問題解決には、しばしば PDCA サイクルが使われる。リスクを完全になくすことにこだわりすぎると計画が滞りやすいため、確実に PDCA サイクルを回すように意識する必要がある。

※Act は Action とする場合もある。

● **推論**…前提から結論を導くとき、必然的に結論が導かれる場合は演繹的、経験的に結論が導かれる場合は帰納的とよばれる。

● **トレードオフ**…どちらか一方を選択すれば、他方を犠牲にしなければならない関係のこと。

❷発想法

目の前の問題を解決するためには、どうしたら解決できるのかというアイデアを出す必要がある。アイデアを出すときには、次のような手法を用いるとよい。

● **ブレーンストーミング**…自由に意見を出しあう会議方式の1つ。次の4原則で意見を出しあう。1．アイデアを批判しない、2．型破りなアイデアを歓迎する、3．量を重視する、4．アイデアを結合し発展させる。

● **KJ 法**…文化人類学者の川喜田二郎氏が考案した発想法。ブレーンストーミングして出たアイデアをふせんに書き出し、グループごとにまとめることで発想を促す。図解が目的のA型と、文章化が目的のB型、図解後に文章化するAB型がある。

●ブレーンストーミング

●KJ 法

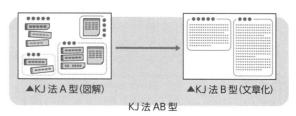

▲KJ 法 A 型（図解）　　　　　▲KJ 法 B 型（文章化）

KJ 法 AB 型

❷ 情報収集と情報の分析

❶インターネットを活用した情報収集

ネット社会が到来した今、インターネットに接続した誰もが情報を発信することができるようになった。新聞や書籍、テレビなどの既存のメディアに流れない情報を入手することもできる一方で、正しい知識がないと情報収集は難しい。

- ●AND検索…「世界遺産　日本」と入力することで、両方に関連するページを検索できる。
- ●OR検索……「世界遺産　OR　日本」と入力することで、どちらか一方に関連するページを検索できる。
- ●NOT検索…「世界遺産　−日本」と入力することで、日本以外の世界遺産に関連するページを検索できる。

 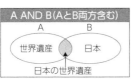 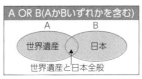 

❷可視化による情報の分析

収集した情報を分析するには、グラフなどを用いて可視化する方法が有効である。情報の種類や伝えたい事柄に応じて最適なグラフを選び用いる。

- ●棒グラフ…縦軸にデータ量をとり、棒の高さで値の大小を比べられるグラフ。項目間の比較に適している。
- ●帯グラフ…帯全体を100%とし、長方形の面積で各項目の構成比をあらわしたグラフ。構成比の比較に適している。
- ●円グラフ…円全体を100%として、扇形で各項目の構成比をあらわしたグラフ。全体のなかでの構成比を見ることに適している。
- ●折れ線グラフ…横軸に時間、縦軸にデータ量をとり、それぞれのデータを折れ線で結んだグラフ。時間にともなう変化の方向や数値の変化を見ることに適している。

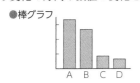 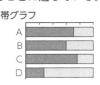  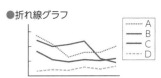

プロセス

次の文中の空欄にあてはまる適切な語を答えよ。

1 PDCAサイクルはPlan → ア → Check → イ の順におこない、 ウ ののちにPlanに戻るサイクルのことである。

2 欲しいと思うものをすべて購入したいと考えているが、それと同時に将来のために貯金もしたいと考えている。このような、どちらか一方を選択すれば他方を犠牲にしなければならない関係のことを エ という。

3 インターネットで検索する場合、「アカデミー賞　日本」と入力すると オ 検索、「アカデミー賞　OR　日本」と入力すると カ 検索、「アカデミー賞　−日本」と入力すると キ 検索になる。

4 グラフで情報を分析するとき、 ク を使うと全体のなかでの構成比を見ることができ、 ケ を使うと構成比の比較ができる。また、 コ を使うと変化を見ることができ、 サ を使うことで項目間の比較ができる。

プロセスの解答

1 ア．Do　イ．Act(Actionでも可)　ウ．フィードバック　**2** エ．トレードオフ　**3** オ．AND　カ．OR　キ．NOT　**4** ク．円グラフ　ケ．帯グラフ　コ．折れ線グラフ　サ．棒グラフ

(知識)
10　問題解決　次の文章は問題解決について説明している。文中の(1)〜(4)にあてはまるものを選択肢より選べ。

　問題とは、「(1)」と「(2)(＝あるべき状態)」との(3)(差)である。この(3)を(4)して、(1)を(2)に近づけるのが問題解決である。問題解決には、情報の活用が重要である。

　ア．ギャップ　　イ．理想　　ウ．解消　　エ．現実

(思考)
11　問題解決　以下のア〜クは、問題解決に必要な行動である。問題を解決するための手順どおりに並べかえよ。

　ア．結果の予測　　イ．問題の定義　　ウ．計画の立案　　　エ．情報の収集と分析　　オ．問題の発見
　カ．計画の実行　　キ．振り返り　　ク．解決策の探索

(思考)
12　トレードオフ　トレードオフを説明している文章として、適切なものをすべて選べ。

　ア．画面が大きくて見やすいスマートフォンは持ちにくいが、画面が小さくて持ちやすいスマートフォンは見づらい。
　イ．体重を減らしたいと考えているが、甘いものもたくさん食べたい。
　ウ．「私と仕事、どっちが大事なの？」と聞かれたので会社に出勤した。
　エ．食事をすると栄養を得られるが、食べ過ぎると健康被害のリスクがある。
　オ．部活の大会で結果を残しつつも、学業で高い成績を維持した。

(知識)
13　発想法　次の文章は、ブレーンストーミングでアイデアを出すときのルールについて説明している。このなかから**不適切なもの**を選べ。

　ア．アイデアを尊重し、参加者の意見を批判しないようにする。
　イ．参加者全員が目的やテーマについて理解するために、事前に説明や資料を共有する。
　ウ．最初に出たアイデアに固執して、新しいアイデアを受け入れない。
　エ．全員が発言する時間を決め、時間内にだれでも自由に発言できるようにする。

(思考)
14　情報検索　旅行を計画するために、インターネットで検索することにした。海のあるリゾート地に行きたいが、費用や日数の都合で国内の場所を考えている。このとき、「海　リゾート　−海外」で検索することにした。このキーワード検索をあらわすベン図を選べ。

ア．　　イ．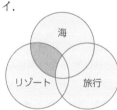　　ウ．　　エ．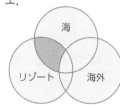

(思考)
15　グラフ　ある調査会社が4つの異なる調査結果を発表した。それぞれの調査結果を表現するのに最も適切なグラフを以下の選択肢から選べ。

　調査結果1　地域ごとの人口割合
　調査結果2　10年間で売上高がどれだけ変化したか
　調査結果3　スマートフォン利用者における購入価格と満足度の関係
　調査結果4　各月の降水量

　ア．棒グラフ　　イ．折れ線グラフ　　ウ．円グラフ　　エ．散布図

発展問題

16 PDCA サイクル ……難易度 ★☆☆
思考

あるチームがプロジェクトの遅延に直面している。PDCA サイクルにおいて、フィードバックをおこなうタイミングを選べ。

ア．プロジェクトの計画段階　　イ．プロジェクトの実行段階
ウ．プロジェクトの検証段階　　エ．プロジェクトの問題が発生した直後

17 トレードオフ ……難易度 ★☆☆
思考

健康維持のための食事計画を立てる場合、トレードオフの事例として適切なものを次から選べ(複数選択可)。

ア．栄養バランスのよい高級な食材を使いたいが、食費が余計にかかってしまう。
イ．好きなものを好きなだけ食べたいが、1 日に必要な栄養素がバランスよく摂取(せっしゅ)できない。
ウ．食事の量を増やしたいが、体重管理が難しくなってしまう。
エ．健康的な食材を選びたいが、食事そのものも楽しみたい。

18 問題解決 ……難易度 ★☆☆
思考

ある学生が次の文を読んでいる。「A 君は雨が降ると遅刻します。B 君も雨が降ると遅刻します。今日は雨なので、多くの人が遅刻するでしょう。」この推論は、ア．演繹的(えんえき)推論と、イ．帰納的(きのう)推論のどちらに該当するか。

19 発想法 ……難易度 ★★☆
知識 思考

学生グループが、学校祭の企画について話し合っている。次の会話はどの発想法の一環としておこなわれたものか。

A：「学校祭のテーマを考えましょう。みんな、アイデアを出してみてください。」
B：「私は映画をテーマにするのがよいと思います。有名な映画の世界観を再現したブースやパフォーマンスをつくれば、おもしろそうです。」
C：「私はスポーツをテーマにするのがよいと思います。さまざまなスポーツ競技の体験ブースや大会を開催すれば、盛り上がりそうですね。」

ア．ブレーンストーミング　　イ．KJ 法　　ウ．SWOT 分析　　エ．マインドマップ

20 グラフ ……難易度 ★★☆
思考 グラフ

右に示すグラフは、2019 年から 2020 年にかけてのデータである。

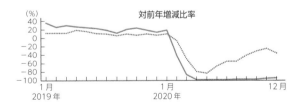

問1　この数値の推移から、何のグラフかを予測し、選択肢から選べ。

ア．降水量の推移　　　　　　　　イ．アンケート回答者の男女の内訳
ウ．宿泊旅行者数(総数・外国人)の推移　　エ．新型コロナウイルス感染者数の推移

問2　このグラフに関係しそうなグラフを、選択肢から選べ。

ア.
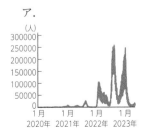

イ.
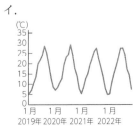

ウ.
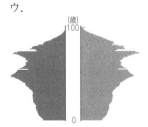

エ.
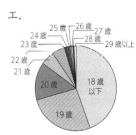

3 情報社会の安全対策とルール

1 情報セキュリティ

情報を適切に管理し、安全に保つことは、重要である。このことは情報セキュリティとよばれている。

❶情報セキュリティの3要素

情報セキュリティの内容は次のように3つに分類され、さまざまな面から安全を保つようにしている。

❷情報セキュリティのリスク

情報セキュリティに対するリスクは、次のように分類して考えることができる。

	脅威	被害
意図的脅威	悪意ある第三者によってもたらされる行為のこと 例 盗難、盗聴、情報の改ざん、不正アクセス、情報の不正利用、マルウェアへの感染、なりすましなど	個人情報の漏えい・企業の機密情報の流出・流出した情報の不正利用
偶発的脅威	人が意図せずに引き起こしてしまうヒューマンエラーのこと 例 ・外部に持ち出したパソコンや記憶媒体が盗難にあう ・ファイルサーバの重要データを収納しているフォルダのアクセス権の設定を誤って外部から閲覧可能な状態にしてしまう ・顧客の個人情報が保存されているUSBメモリを紛失してしまう ・会話から情報が漏えいしてしまう	機密情報が外部へ漏えい・流出する
環境的脅威	自然や環境が原因となるリスクのこと 例 地震・台風・落雷・火事	情報システムの停止

2 サイバー犯罪

サイバー犯罪はコンピュータ技術および電気通信技術を悪用した犯罪をさし、日本では次のように分類されている。

❶サイバー犯罪の種類

1 不正アクセス行為の禁止等に関する法律違反

- **不正アクセス**…他人のID・パスワードを悪用し、アクセス権限のないものがコンピュータを利用する犯罪。
- **フィッシング詐欺**…偽のサイトへ誘導し、クレジットカードやアカウント情報を入力させることで情報を盗む手口。
- **ブルートフォースアタック**(総当たり攻撃)…IDとパスワードのすべての組み合わせを試す手口。

2 コンピュータ・電磁的記録対象犯罪

- Webサイトのデータを無断で書きかえる。
- 金融機関などのオンライン端末を不正に操作し、無断で他人の口座から自分の口座に預金を移す。
- **コンピュータウイルス**(不正指令電磁的記録)の作成。
- **ランサムウェア**…コンピュータ内のデータを勝手に暗号化して制限することで操作不能にし、制限解除のための身代金を要求する手口。マルウェアの一種。

3 ネットワーク利用犯罪

- SNSなどで他人を誹謗・中傷する名誉毀損事件
- 電子掲示板などで犯行予告をおこなう脅迫事件
- インターネットオークションでの詐欺事件

❷サイバー犯罪の対策

技術的な対策
・**ウイルス対策ソフト**をインストールする。
・OS やソフトウェアを常に最新バージョンに**アップデート**する。
・データを暗号化(→ p.98)して、部外者には読めなくする。

人的な対策
・コンプライアンス(法律などルールを守ること)を意識する。
・パスワードを複雑化し、使い回さない。
・情報の持ち込みおよび持ち出しを制限する。
・最新の脅威や手口の種類を知り、サイバー犯罪に関する知識を身につける。

物理的な対策
・落下防止、盗難防止、災害対策の装置を用意する。
・デバイスの持ち出しや、デバイスを設置している場所への出入りを管理する。

❸ 個人情報

❶個人情報

　生存する個人に関する情報で、それに含まれる氏名、生年月日、住所、性別などによって特定の個人を識別できる情報をいう。また、**個人識別符号**(個人の身体データや個人に割り振られる公的な番号)も個人情報に含まれる。

❷個人情報保護法(正式名称:個人情報の保護に関する法律)

　個人の権利や利益を保護することを目的とし、個人情報の適正な取り扱いに関し、**個人情報取扱事業者**などの遵守すべき義務などを定めている。

(a)個人情報取扱事業者の義務

　個人情報取扱事業者は、個人情報という重要な情報を取り扱うため、さまざまな義務を課されている。

> ●利用目的の特定(第 17 条)　個人情報取扱事業者は、個人情報を取り扱うにあたっては、その**利用の目的をできる限り特定**しなければならない。
>
> ●利用目的による制限(第 18 条)　個人情報取扱事業者は、あらかじめ本人の同意を得ないで、前条の規定により特定された利用目的の達成に必要な範囲をこえて、個人情報を取り扱ってはならない。
>
> ●取得に際しての利用目的の通知等(第 21 条)　個人情報取扱事業者は、個人情報を取得した場合は、あらかじめその**利用目的を公表**している場合を除き、速やかに、その利用目的を、**本人に通知**し、又は公表しなければならない。
>
> ●データ内容の正確性の確保等(第 22 条)　個人情報取扱事業者は、利用目的の達成に必要な範囲内において、個人データを**正確かつ最新の内容**に保つとともに、利用する必要がなくなったときは、当該個人データを**遅滞なく消去**するよう努めなければならない。

(b)**利用目的による制限**:例外的な場合に同意を必要としない。(第 18 条の 3)

・法令にもとづく場合

・人の生命、身体や財産の保護のために必要な場合

・公衆衛生の向上や児童の健全な育成の推進に必要な場合

・国の機関などの法令の定める事務の遂行に事業者が協力する必要がある場合

・学術研究機関などで、学術研究目的で必要な場合

❸匿名加工情報

　特定の個人を識別することができないように個人情報を加工し、当該個人情報を復元できないようにした情報のことを**匿名加工情報**という。ビッグデータの利活用の推進などのため、個人情報保護法に導入された。

●加工前の情報

氏名	第一　太郎
住所	東京都文京区本駒込 5 丁目 16 番 7 号
年齢	23 歳

●匿名加工情報

氏名	削除
住所	東京都
年齢	20 歳〜 25 歳

AI 開発への活用
統計データの利用　　など
医療技術の発展

4 知的財産権

　人間の知的活動により創造され、それ自体で価値をもつものを知的財産とよぶ。それにかかわる**知的財産権**は、法律によって一定の期間、保護されるようになっている。知的財産権には、産業財産権や著作権が含まれる。

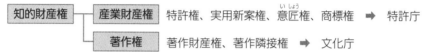

　知的財産権 ── 産業財産権　特許権、実用新案権、意匠権、商標権　➡　特許庁
　　　　　　 └─ 著作権　　　著作財産権、著作隣接権　➡　文化庁

5 産業財産権

　産業や工業製品の製造などに関する権利を**産業財産権**といい、次の 4 つがある。

種類	対象	保護期間
特許権	新規性のある発明	出願から 20 年
実用新案権	ものの形・構造・組み合わせ	出願から 10 年
意匠権	デザイン	出願から 25 年
商標権	商品やサービスのマーク	登録から 10 年（更新可）

6 著作権

　思想または感情を創作的に表現した著作物に関する権利は**著作権**とよばれ、著作物を創作した著作者がもつ。著作権には多くの権利が含まれており、大きく**著作者人格権**と**著作財産権**（財産権としての著作権）に分類される。また、著作物を伝達するものがもつ権利を**著作隣接権**という。

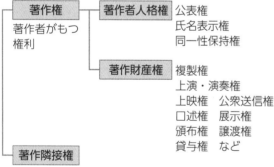

著作権
著作者がもつ
権利
├─ 著作者人格権　公表権
　　　　　　　　　氏名表示権
　　　　　　　　　同一性保持権
├─ 著作財産権　　複製権
　　　　　　　　　上演・演奏権
　　　　　　　　　上映権　公衆送信権
　　　　　　　　　口述権　展示権
　　　　　　　　　頒布権　譲渡権
　　　　　　　　　貸与権　など
└─ 著作隣接権
　　著作物の伝達者がもつ権利

著作物の例（著作権法第 10 条）
・小説、脚本、論文、講演その他の言語の著作物
・音楽の著作物
・舞踊または無言劇の著作物
・絵画、版画、彫刻その他の美術の著作物
・建築の著作物
・地図または学術的な性質を有する図面、図表、
　模型その他の図形の著作物
・映画の著作物
・写真の著作物
・プログラムの著作物

❶著作権法

　(a) 目的（著作権法第 1 条）…この法律は、**著作物**やそれに関連する実演、レコード、放送についての**著作者の権利**を定めることによって、著作者などの権利を守りながら**文化を発展させる**ことを目的としている。

　(b) 著作物（著作権法第 2 条）…**思想または感情を創作的に表現**したものであって、文芸、学術、美術または音楽の範囲に属するもの。

(c)保護期間(著作権法第51条)…著作権は、著作物が創作されたときに始まり、**著作者の死後70年**が経過するまで存続される。ただし、公表時を起点とする場合もある。

種類	保護期間
著作物(第51条)	著作者の死後70年※
無名または変名の著作物(第52条)	公表後70年
団体名義の著作物(第53条)	公表後70年
映画の著作物(第54条)	公表後70年

※改正された著作権法が2018年に施行されるまでは50年。

(d)著作物の利用の許諾(著作権法第63条)…著作権者は、他人に対し、その著作物の利用を**許諾**することができる。許諾を得たものは、許された**利用方法および条件の範囲内**において、その著作物を利用することができる。

(e)罰則(著作権法第119条~第124条)

権利者の告訴なしでは起訴されない**親告罪**→法律が定める要件を満たせば**非親告罪化**(告訴なしで起訴される)

内容(一部)	刑事罰
複製権侵害(第119条1項)	10年以下の懲役もしくは1000万円以下の罰金、またはこれを併科
違法ダウンロード(第119条3項)	2年以下の懲役もしくは200万円以下の罰金、またはこれを併科

❷著作隣接権

著作物の伝達に重要な役割を果たしている実演家、レコード製作者、放送事業者、有線放送事業者に認められた権利。

❸著作権の制限

例外的な場合に許諾を得ることなく利用できる。(第30条~第50条)。

● 著作権法により定められるおもな例外

私的使用のための複製(第30条)	図書館等における複製等(第31条)
引用(第32条)	学校その他の教育機関における複製等(第35条)
視覚・聴覚障害者等のための複製等(第37条)	営利を目的としない上演等(第38条)
時事の事件の報道のための利用(第41条)	美術の著作物等の展示・譲渡等での利用
プログラムの著作物・電子計算機での利用(第47条の3~5)	(第45条~第47条の2)

● クリエイティブ・コモンズ・ライセンス(CCライセンス)

著作物の適正な再利用の促進を目的に、著作者が再利用について意思表示をするためのツール。

マーク	条件	内容
(i)	表示	作品のクレジットを表示すること
(=)	改変禁止	元の作品を改変しないこと

マーク	条件	内容
(S)	非営利	営利目的での利用をしないこと
(O)	継承	元の作品と同じ組み合わせのCCライセンスで公開すること

7 情報モラル

情報社会で適正な活動をおこなうためのもとになる考え方と態度のこと。その内容はいろいろなものが含まれるが、文部科学省「情報モラル指導モデルカリキュラム」(2007年)では、次のような5つの柱と目的にまとめられている。

1. 情報社会の倫理	2. 法の理解と遵守
・情報社会への参画において、責任ある態度で臨み、義務を果たす ・情報に関する自分や他者の権利を理解し、尊重する	・情報に関する法律の内容を理解し、遵守する
3. 安全への知恵	**4. 情報セキュリティ**
・危険を予測し被害を予防するとともに、安全に活用する ・情報を正しく安全に活用するための知識や技術を身につける ・自他の安全や健康を害するような行動を抑制できる	・情報セキュリティに関する基礎的・基本的な知識を身につける ・情報セキュリティの確保のために、対策・対応がとれる
5. 公共的なネットワーク社会の構築	
・情報社会の一員として、公共的な意識を持ち、適切な判断や行動ができる	

次の文章および表の空欄にあてはまる語句や値を答えよ。

1 情報セキュリティとは、情報を適切に管理し、安全に保つことであり、次の3つの要素に分けられる。

1「　ア　」とは、許可されたものだけが情報にアクセスできるようにすること。これが維持できないと、「　イ　」の危険性が高まる。2「　ウ　」とは、情報が勝手に変えられないように保全されていること。これが維持できないと、「　エ　」が起こる危険性が高まる。3「　オ　」とは、許可されたものが必要なときにいつでも情報にアクセスできるようにすること。これが維持できないと、「　カ　」が起こる危険性が高まる。

2 情報セキュリティのリスクは大きく3つに分けられ、「　キ　」（悪意ある第三者によってもたらされる行為）、「　ク　」（人が意図せずに引き起こしてしまうヒューマンエラー）、「　ケ　」（自然や環境が原因となるリスク）がある。

3 「　コ　」とは、他人のID・パスワードを悪用し、本来アクセス権限のないものがコンピュータを利用する犯罪のことである。「　サ　」とは、偽のサイトへ誘導し、クレジットカードやアカウント情報を入力させることで情報を盗む手口のことである。Webサイトのデータを無断で書きかえることや金融機関などのオンライン端末を不正操作し、無断で他人の口座から自分の口座に預金を移すなどの犯罪を「　シ　」という。

　SNSなどで他人を誹謗・中傷する名誉毀損事件、電子掲示板などで犯行予告をおこなう脅迫事件、インターネットオークションでの詐欺事件などの犯罪を「　ス　」という。

4 「　セ　」とは、マルウェアの一種で、コンピュータ内のデータを勝手に暗号化して制限することで操作不能にし、制限解除のための身代金を要求する手口のことである。

5 情報セキュリティ対策として、ウイルス対策ソフトを「　ソ　」する、OSやソフトウェアを常に「　タ　」する、パスワードを「　チ　」し、使い回さない、「　ツ　」を身につける、デバイスの「　テ　」をする、などがあげられる。

6 個人情報とは、「　ト　」に関する情報で、「　ナ　」を識別できる情報をいう。個人情報保護法とは、個人の権利や利益を保護することを目的とし、個人情報の適正な取り扱いに関し、「　ニ　」などが遵守すべき義務などを定めている。「　ニ　」は、個人情報を取り扱うにあたっては、その利用の「　ヌ　」をできる限り「　ネ　」しなければならない。また、あらかじめ本人の「　ノ　」を得ないで、「　ハ　」の達成に「　ヒ　」をこえて、個人情報を取り扱ってはならない。

7 個人情報取扱事業者は、個人情報を取得した場合は、あらかじめその利用目的を「　フ　」している場合を除き、すみやかに、その利用目的を、「　ヘ　」に通知し、または「　フ　」しなければならない。また、利用目的の達成に必要な範囲内において、個人データを「　ホ　」かつ「　マ　」に保つとともに、利用する必要がなくなったときは、当該個人データを「　ミ　」なく「　ム　」するよう努めなければならない。

8 「　メ　」とは、特定の個人を識別することができないように個人情報を加工し、当該個人情報を復元できないようにした情報のことである。

プロセスの解答

1 ア．機密性　イ．情報漏えい　ウ．完全性　エ．情報の改ざん　オ．可用性　カ．システム停止　**2** キ．意図的脅威　ク．偶発的脅威　ケ．環境的脅威　**3** コ．不正アクセス　サ．フィッシング詐欺　シ．コンピュータ・電磁的記録対象犯罪　ス．ネットワーク利用犯罪　**4** セ．ランサムウェア　**5** ソ．インストール　タ．アップデート　チ．複雑化　ツ．知識　テ．管理　**6** ト．生存する個人　ナ．特定の個人　ニ．個人情報取扱事業者　ヌ．目的　ネ．特定　ノ．同意　ハ．利用目的　ヒ．必要な範囲　**7** フ．公表　ヘ．本人　ホ．正確　マ．最新の内容　ミ．遅滞　ム．消去　**8** メ．匿名加工情報

9 産業財産権には、次のような4つの権利が含まれる。

種類	対象	保護期間
モ	新規性のある発明	出願から20年
ヤ	ものの形・構造・組み合わせ	出願から10年

種類	対象	保護期間
ユ	デザイン	出願から25年
ヨ	商品やサービスのマーク	登録から10年

10 著作権は、 ラ にかかわる権利である。著作権は、 リ で保護されており、 リ の目的は、 ル の権利を定め、 レ に寄与することである。著作権は、著作物の ロ に始まり、著作者の ワ が経過するまでの間、存続する。

　著作物とは、 a または b を c に表現したものであって、文芸、学術、美術または音楽の範囲に属するものをいう。著作物を利用する場合には、著作権者に d を得る必要があり、許された e および f において、著作物を利用することができる。

11 著作権法には、例外的な場合に著作者の許諾を得ることなく利用できることが示されており、次のようなものがある。 g のための複製(第30条)、 h 等における複製等(第31条)、 i (第32条)、 j その他の教育機関における複製等(第35条)

12 著作権法に違反した場合、犯罪として k が科せられる場合がある。複製権の侵害であれば、 l 年以下の懲役もしくは m 万円以下の罰金、またはこれらの併科と定められている。

13 クリエイティブ・コモンズ・ライセンス(CCライセンス)は、著作者が著作物の再利用についての意思表示をするもので、以下のマークが使われる。

マーク	条件	内容
(i)	n	作品のクレジットを表示すること
(=)	o	元の作品を改変しないこと

マーク	条件	内容
(S)	p	営利目的での利用をしないこと
(C)	q	元の作品と同じ組み合わせのCCライセンスで公開すること

14 文部科学省は、情報モラルについて5つの柱と目的を次のように示している。

1. 情報社会の倫理	2. 法の理解と遵守
・情報社会への参画において、責任ある態度で臨み、義務を果たす ・情報に関する自分や他者の r を理解し、尊重する	・情報に関する法律の内容を理解し、遵守する
3. 安全への知恵	**4. 情報セキュリティ**
・ s を予測し被害を予防するとともに、安全に活用する ・情報を正しく安全に t するための知識や技術を身につける ・自他の安全や u を害するような行動を抑制できる	・情報セキュリティに関する基礎的・基本的な知識を身につける ・情報セキュリティの確保のために、対策・対応がとれる
5. 公共的なネットワーク社会の構築	
・情報社会の一員として、 v な意識を持ち、適切な判断や行動ができる	

プロセスの解答

9 モ. 特許権　ヤ. 実用新案権　ユ. 意匠権　ヨ. 商標権　**10** ラ. 著作物　リ. 著作権法　ル. 著作者　レ. 文化の発展　ロ. 創作のとき　ワ. 死後70年　a. 思想　b. 感情　c. 創作的　d. 許諾　e. 利用方法　f. 条件の範囲内　**11** g. 私的使用　h. 図書館　i. 引用　j. 学校　**12** k. 罰則　l. 10　m. 1000　**13** n. 表示　o. 改変禁止　p. 非営利　q. 継承　**14** r. 権利　s. 危険　t. 活用　u. 健康　v. 公共的

知識
21　情報セキュリティ　パーソナルコンピュータで電子メールの本文に記載されていた URL にアクセスしたところ、画面に図のメッセージが表示され、パーソナルコンピュータがロックされてしまった。これは、何による攻撃か、解答群から選び記号で答えよ。

このパーソナルコンピュータをロックしました。ロックの解除には、パスワードが必要となります。パスワードを知りたい方は、48 時間以内に振り込みをしてください。お支払いいただけない場合、解除することができなくなります。お支払い方法は以下のとおりです。

【解答群】　ア．キーロガー　　イ．スパイウェア　　ウ．ボット　　エ．ランサムウェア

（平 30 春期 IT パスポート試験　改）

知識
22　個人情報　個人情報の保護に関する法律に関する説明として、正しいものを次の選択肢から 1 つ選び、記号で答えよ。
ア．個人情報取扱事業者は、あらかじめ本人の同意を得ないで、個人情報を取得してはならない。
イ．個人情報取扱事業者は、個人情報を取り扱うにあたっては、その利用の目的をできる限り特定しなければならない。
ウ．個人情報取扱事業者は、本人の請求を受けた場合は、当該本人が識別される保有個人データを必ず消去しなければならない。
エ．個人情報取扱事業者は、個人情報を取得する場合は、あらかじめ、その利用目的を、本人に通知しなければならない。
オ．個人情報取扱事業者は、個人データの取り扱いを委託することにともなって当該個人データを委託先に提供する場合、あらかじめ本人の同意を得なければならない。

（令 4 慶應義塾大　改）

知識
23　著作権　著作権に関する説明のうち、正しいものをすべて選び記号で答えよ。
ア．作成した画像や音楽、文章、ソフトウェアは、特許庁への申請によって著作権が発生し、保護される。
イ．他の人が作成し、インターネット上で適法に公開されているソフトウェアを、自分の Web ページ上で、自分の開発したものとして無断で公開しても著作権法に違反しない。
ウ．他の人が作成し、インターネット上で適法に公開されている音楽は、無断で視聴しても著作権法に違反しない。
エ．他の人が作成し、インターネット上で適法に公開されているソフトウェアは、コピーして自分の Web ページ上で、無断で公開しても著作権法に違反しない。
オ．他の人が作成し、インターネット上で適法に公開されている文章は、引用の条件を満たせば自分の Web ページ上で、無断で公開しても著作権法に違反しない。

（令 4 駒澤大　改）

知識
24　著作権　著作権法に関する説明として、正しいものを選び記号で答えよ。
ア．著作権法の目的は、産業の発展に寄与することである。
イ．著作物を翻案することにより創作した著作物を、共同著作物という。
ウ．ネット配信用の動画コンテンツは、「映画の著作物」に該当しない。
エ．事実の伝達に過ぎない雑報および時事の報道は、言語の著作物に該当しない。
オ．公表された著作物を、著作権者に無断で引用してはいけない。

（令 4 慶應義塾大　改）

発展問題

(知識)
25　情報セキュリティ ……難易度 ★★☆

情報セキュリティの要素である機密性、完全性および可用性のうち、完全性を高める例として、最も適切なものはどれか記号で答えよ。

ア．データの入力者以外のものが、入力されたデータの正しさをチェックする。

イ．データを外部媒体に保存するときは、暗号化する。

ウ．データを処理するシステムに予備電源を増設する。

エ．ファイルに読み出し用パスワードを設定する。

（平 26 秋期 IT パスポート試験　改）

(思考)
26　個人情報 ……難易度 ★☆☆

次の行為が適切な場合には「○」、不適切な場合には「×」を答えよ。

(1) 暗号化されている Web ページのアンケートに答えていたら、氏名や年齢、住所などを記入する欄があった。記入は必須であるにもかかわらず、個人情報の取り扱いに関することが記載されていなかったので送信するのをやめた。

(2) あるスーパーマーケットでは、買い物をした客に当日宅配サービスをおこなっている。商品配送のため、客本人に氏名・住所などを配送伝票に記入してもらうが、後日、その顧客宅に宅配会社の別部門の保険外交員がその伝票をもとに保険の勧誘に訪れた。

（令 4 高崎健康福祉大　改）

(思考)
27　著作権 ……難易度 ★★★

次の文章を読み、（　1　）～（　5　）にあてはまるものを解答群から選び、記号で答えよ。

　音楽教室での（　1　）の際、（　2　）や（　3　）の楽曲演奏で（　4　）に著作権料を支払う必要があるかが争われた訴訟の控訴審判決が 18 日、知財高裁であった。判決は、（　4　）側の主張を認めて（　2　）や（　3　）の演奏に著作権がおよぶとした一審判決を一部変更。（　3　）の演奏には著作権がおよばず、（　4　）に著作権料の請求権はないと判断した。

　音楽教室を運営する約 240 の事業者・個人が（　4　）を相手取り、著作権料を徴収する権利がないことを確認するよう求めていた。音楽教室での演奏が著作権法が規定する「（　5　）に直接聞かせることを目的とする演奏」にあたるかが争点だった。

　判決は、（　3　）の演奏について「みずからの技術の向上が目的」とし、本質は「（　2　）に演奏を聞かせ、指導を受けることにある」と指摘。（　5　）に聞かせる目的とはいえないと結論づけた。一方、（　2　）の演奏については、教室を運営する事業者の管理下にあり、事業者が演奏しているとみなせると判断。事業者から見れば、（　3　）は不特定の「（　5　）」にあたり、（　2　）の演奏は（　5　）に聞かせるのが目的だと認めた。

（出典：朝日新聞 2021 年 3 月 19 日朝刊記事を一部改変）

【解答群】

ア．文化庁	イ．公衆	ウ．講師	エ．発表会	オ．生徒	カ．ストリーミング
キ．人工知能	ク．保護者	ケ．レッスン	コ．日本音楽著作権協会		

（令 4 慶應義塾大　改）

(ヒント)
　27　8 行目の「みずからの技術の向上が目的」としているのはだれかを考えるとよい。

4 情報技術

1 情報技術の発展

情報技術とは IT(Information Technology)ともよばれ、コンピュータを使ってあらゆる種類の電子的なデータや情報を処理することである。また、情報技術を活用して情報のやりとりをおこなう技術を ICT(Information and Communication Technology)(情報通信技術)とよぶ。

❶コンピュータによる計測と制御(せいぎょ)

私たちの身の回りにはコンピュータで制御されている装置や機器がたくさんある。人が操作しなくても、自動的に反応して処理する装置や機器の多くには、計測・制御システムが組みこまれている。

(a)計測…センサなどにより対象物の状態を調べること。

(b)制御…対象物の状態に応じた調整をおこなうこと。

- **IoT**(Internet of Things)…「もののインターネット」を意味することば。現在ではさまざまなものにマイクロコンピュータとよばれる小さなコンピュータが内蔵されており、それによりものどうしが情報をやりとりできるようになっている。

```
┌─────────────────┐      温度を
│ センサ          │      計測する
│ 回りの状況を感知する │
└─────────────────┘
        ↓
┌─────────────────┐      モーターへ
│ コンピュータ     │      情報を送る
│ 動作を判断し、命令をおこなう │
└─────────────────┘
        ↓
┌─────────────────┐      ファンの回転数
│ アクチュエータ   │      を変える
│ 動作や仕事をおこなう │
└─────────────────┘
```

❷情報通信

- 5G(5th Generation)…「第5世代移動通信システム」を意味することば。無線通信システムのことで、「高速で大容量の通信ができる」「信頼性が高く低遅延の通信ができる」「多数の端末との同時接続ができる」という特徴がある。

- RFID(Radio Frequency Identification)…情報が書きこまれた IC タグ・RF タグ(RFID タグともいう)と電波などでワイヤレスに通信し、情報の読み取りや書きかえをする技術。

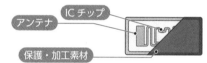

❸ AI(Artificial Intelligence)(人工知能)

人間がおこなう知的活動をコンピュータプログラムとして実現すること。

2 身の回りの情報システム

情報機器の発達により私たちの生活はとても便利になった。またそれらを通じて日々、膨大(ぼうだい)に生成・蓄積される、さまざまな種類・形式(多種性)のデータ(ビッグデータ)は身の回りのシステムに利用されている。

❶キャッシュレス決済

商品・サービスの対価の支払いに現金を使わない決済方法のこと。クレジットカードのほか、スマートフォンのキャリア決済や交通系 IC カード、バーコードや QR コード(二次元コード)を使った決済などが存在する。

❷セルフレジ

客がみずから会計をおこなうレジのこと。

・客が商品の読み取りから精算まですべて自分でおこなうフルセルフレジ

・商品の読み取りは店員がおこない、客は精算だけおこなうセミセルフレジ

・IC タグが商品に取りつけられており、買い物かごを台の上に置くだけで読み取りがおこなわれるレジ

❸スマートスピーカー

インターネットと接続し、音声認識・音声操作が可能な AI アシスタントを搭載(とうさい)しているワイヤレススピーカー。

❹予約システム

企業が、顧客に対して提供している、パーソナルコンピュータやスマートフォンなどの端末から予約システム画面にアクセスして、オンラインで予約できるツールのこと。

3 情報技術による影響

❶テクノストレス

コンピュータやOA機器などの使用により引き起こされるさまざまな健康上の問題のこと。

(a)VDT(Visual Display Terminal)障害

文字や図形などの情報を表示する出力装置と入力装置で構成される機器を使用した作業により心身への影響が出た状態。

テクノ依存症	テクノ不安症
・常にコンピュータのことが頭を離れない ・他者への思いやりが欠如する ・人の反応をにぶく感じ、いらいらする ・コンピュータ作業環境から日常生活への切りかえが困難になる ・時間の感覚がゆがむ ・心理的な葛藤がみられない	・コンピュータに対する嫌悪感が生じる ・短気になる ・悪夢を見るようになる ・自信喪失、強い絶望感といったものを示す ・抑うつ状態を示すようになる

(b)テクノ依存症

コンピュータやスマートフォンなどの

（労働政策研究・研修機構「IT化とストレス」参照）

情報機器に没頭してしまい、体や精神に症状があらわれ、実生活に支障をきたすようになった状態。

❷デジタルデバイド(情報格差)

インターネットやコンピュータの恩恵を受けることのできる人とできない人の間に生じる格差のこと。

❸サイバー犯罪

コンピュータ技術や電気通信技術を悪用した犯罪のこと。日本では3つに分類されてきた。(→ p.10 参照)

不正アクセス行為の禁止等に関する法律違反、コンピュータ・電磁的記録対象犯罪、ネットワーク利用犯罪

4 Society5.0

Society 5.0 は、情報社会(Society 4.0)の課題や困難を克服し、仮想空間と現実社会を高度に融合させたシステムにより、経済発展と社会的課題の解決を両立する、人間中心の社会のこと。

Society1.0「狩猟社会」：
　人々が狩りをして生活する社会
Society2.0「農耕社会」：
　食糧を育て、収穫をすることで安定した生活をする社会
Society3.0「工業社会」：
　規格製品を大量生産するなど工業化が進んだ社会
Society4.0「情報社会」：
　インターネットの普及により情報の伝達や処理が経済の中心となった社会

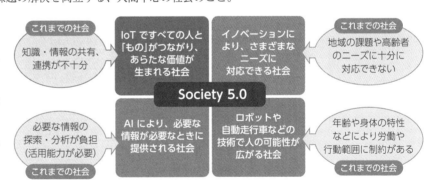

5 未来の生活

今後も情報技術の発達によって社会は大きく変わっていくことが予想される。

	メリット	デメリット
自動運転	・交通事故の減少 ・渋滞の緩和	・事故発生時の責任問題 ・システムの安全性の確保が難しい
スマート農業	・農作業の効率化 ・負担軽減 ・農作物の品質向上	・導入コストの高さ ・機器の充実の必要 ・情報通信基盤の整備
無人店舗	・人件費の削減 ・購買データの収集・活用	・安全性の確保が難しい ・導入コストの高さ
テレワーク	・通勤費用・社内費用削減 ・人材の確保 ・ワークライフバランスの実現	・個人の管理が難しい ・安全性の確保が難しい ・コミュニケーションの減少

次の文章および表の空欄にあてはまる語句や値を答えよ。

1 ［ ア ］とは「情報技術」のことで、コンピュータやソフトウェアなどがある。［ イ ］とは「情報通信技術」、つまり通信技術を使い人と人がつながる技術のことで、メールや SNS などがある。また、［ ウ ］とは人を介さずものが自動的にインターネットとつながる技術のことで、スマートスピーカーやスマート家電などがある。

2 家電製品には動作を［ エ ］するためのコンピュータが組みこまれており、たとえば、エアコンでは、センサで部屋の温度を［ オ ］し、その情報を判断・処理し、動作を［ エ ］することで温度調整が可能になっている。

3 ［ カ ］とは、「第5世代移動通信システム」のことで、「高速で大容量の通信ができる」「信頼性が高く低遅延の通信ができる」「多数の端末との同時接続ができる」という特徴がある。

4 ［ キ ］とは、情報が書きこまれた IC タグや RF タグと電波などでワイヤレスに通信し、情報の読み取りや書きかえをする技術のことである。

5 ［ ク ］とは、「人工知能」のことで、人間がおこなう知的活動をコンピュータプログラムとして実現することである。［ ケ ］とは、大量かつ多種多様な形式でリアルタイム性を有するデータのことである。［ ク ］の技術の発展により、［ ケ ］を効率よく整理し分析することができるようになった。

6 説明にある情報システムを答えよ。

情報システム	説　明
［ コ ］	商品・サービスの対価の支払いに現金を使わない決済方法のこと。
［ サ ］	客がみずから会計をおこなうレジのこと。
［ シ ］	インターネットと接続し、音声認識・音声操作が可能な AI アシスタントを搭載しているワイヤレススピーカーのこと。
［ ス ］	サービスを提供している企業が、顧客に対して、パーソナルコンピュータやスマートフォンなどの端末から［ ス ］画面にアクセスしてオンラインで予約できるツールのこと。
［ セ ］	運転操作が自動化されること。
［ ソ ］	ロボット、AI、IoT など先端技術を活用する農業のこと。
［ タ ］	店内に従業員やレジ係がいない店舗のこと。
［ チ ］	ICT を活用し時間や場所にとらわれない柔軟な勤労形態のこと。

7 ［ ツ ］とは、コンピュータや OA 機器などの使用により引き起こされるさまざまな健康上の問題のことである。情報機器に没頭してしまい実生活に支障をきたすようになった状態を［ テ ］といい、ディスプレイやキーボードなどの機器を使用した作業により心身に影響が出るようになった状態を［ ト ］という。

8 情報社会(Society 4.0)の課題や困難を克服し、仮想空間と現実社会を高度に融合させたシステムにより、経済発展と社会的課題の解決を両立する、人間中心の社会のことを［ ナ ］という。

プロセスの解答

1 ア. IT　イ. ICT　ウ. IoT　**2** エ. 制御(せいぎょ)　オ. 計測　**3** カ. 5G　**4** キ. RFID　**5** ク. AI　ケ. ビッグデータ　**6** コ. キャッシュレス決済　サ. セルフレジ　シ. スマートスピーカー　ス. 予約システム　セ. 自動運転　ソ. スマート農業　タ. 無人店舗　チ. テレワーク　**7** ツ. テクノストレス　テ. テクノ依存症　ト. VDT 障害　**8** ナ. Society 5.0

基本問題

(知識)
28 **情報通信技術** IoT に関する記述として、最も適切なものはどれか記号で答えよ。

ア．人工知能における学習のしくみ

イ．センサを搭載した機器や制御装置などが直接インターネットにつながり、それらがネットワークを通じてさまざまな情報をやりとりするしくみ

ウ．ソフトウェアの機能の一部を、ほかのプログラムで利用できるように公開する関数や手続きの集まり

エ．ソフトウェアのロボットを利用して、定型的な仕事を効率化するツール

(令 1 秋期 IT パスポート試験　改)

(知識)
29 **情報通信技術** RFID を活用することによって可能となるシステムはどれか。

ア．遠隔地からネットワークを介し、患者の画像や音声データを送受信して医療活動をおこなう。

イ．キャッシュカードを使い、銀行の ATM から現金の預け入れや払い出しをおこなう。

ウ．店頭での販売時に、商品に貼付されたバーコードから商品情報を読み取り、販売情報管理や発注処理をおこなう。

エ．配送荷物に電子タグを装着し、荷物の輸送履歴に関する情報の確認をおこなう。

(平 27 秋期 IT パスポート試験　改)

(知識)
30 **AI** 人工知能の活用事例として、最も適切なものはどれか。記号で答えよ。

ア．運転手が関与せずに、自動車の加速、操縦、制動のすべてをシステムがおこなう。

イ．オフィスの自席にいながら、会議室やトイレの空き状況がリアルタイムにわかる。

ウ．銀行のような中央管理者を置かなくても、分散型の合意形成技術によって、取引の承認をおこなう。

エ．自宅のパーソナルコンピュータから事前に入力し、窓口に行かなくても自動で振り替えや振り込みをおこなう。

(令 1 秋期 IT パスポート試験　改)

(知識)
31 **情報通信技術** LTE よりも通信速度が高速なだけではなく、より多くの端末が接続でき、通信の遅延も少ないという特徴をもつ移動通信システムはどれか。

ア．ブロックチェーン　　　　イ．MVNO　　　　ウ．8K　　　　エ．5G

(平 31 春期 IT パスポート試験)

(知識)
32 **情報社会** パーソナルコンピュータやインターネットなどの IT を利用する能力や機会の違いによって、経済的または社会的な格差が生じることを何というか記号で答えよ。

ア．アクセシビリティ　　　　　　　　イ．ダイバーシティ
ウ．デジタルデバイド　　　　　　　　エ．デジタルデモクラシー

(平 21 秋期 IT パスポート試験　改)

(知識)
33 **情報社会** テレワークに関する記述として、最も適切なものはどれか。

ア．IT を活用した、場所や時間にとらわれない柔軟な働き方のこと

イ．ある業務に対して従来割りあてていた人数を増員し、業務を細分化して配分すること

ウ．個人が所有するパーソナルコンピュータやスマートデバイスなどの機器を、会社が許可を与えたうえでオフィスでの業務に利用させること

エ．仕事の時間と私生活の時間の調和に取り組むこと

(令 3 IT パスポート試験　改)

知識 **34** **情報通信技術** ……難易度 ★☆☆

IoT に関する事例として、最も適切なものはどれか。

ア．インターネット上に自分のプロファイルを公開し、コミュニケーションの輪を広げる。

イ．インターネット上の店舗や通信販売の Web サイトにおいて、ある商品を検索すると、類似商品の広告が表示される。

ウ．学校などにおける授業や講義をあらかじめ録画し、インターネットで配信する。

エ．発電設備の運転状況をインターネット経由で遠隔監視し、発電設備の性能管理、不具合の予兆検知および補修対応に役立てる。

(令 2 IT パスポート試験　改)

思考 **35** **情報通信技術** ……難易度 ★★☆

ビッグデータの分析に関する記述として、最も適切なものはどれか記号で答えよ。

ア．大量のデータから未知の状況を予測するためには、統計学的な分析手法に加え、機械学習を用いた分析も有効である。

イ．テキストデータ以外の、動画や画像、音声データは、分析の対象として扱うことができない。

ウ．電子掲示板のコメントや SNS のメッセージ、Web サイトの検索履歴など、人間の発信する情報だけが、人間の行動を分析することに用いられる。

エ．ブログの書きこみのような、分析されることを前提としていないデータについては、分析の目的にかかわらず、対象から除外する。

(令 3 IT パスポート試験　改)

知識 **36** **情報社会** ……難易度 ★★☆

デジタルデバイドを説明したものはどれか記号で答えよ。

ア．パーソナルコンピュータなどの情報通信機器の利用方法がわからなかったり、情報通信機器を所有していなかったりして、情報の入手が困難な人々のことである。

イ．高齢者や障害者の情報通信の利用面での困難が、社会的・経済的格差につながらないように、だれもが情報通信を利活用できるように整備された環境のことである。

ウ．情報通信機器やソフトウェア、情報サービスなどを、高齢者・障害者を含むすべての人が利用可能であるか、利用しやすくなっているかの度合いのことである。

エ．情報リテラシーの有無や IT の利用環境の相違などによって生じる、社会的または経済的格差のことである。

(平 24 秋期午前基本情報技術者試験　改)

知識 **37** **情報社会** ……難易度 ★☆☆

政府は、IoT をはじめとするさまざまな ICT が最大限に活用され、サイバー空間とフィジカル空間とが融合された「超スマート社会」の実現を推進している。必要なものやサービスが人々に過不足なく提供され、年齢や性別などの違いにかかわらず、だれもが快適に生活することができるとされる「超スマート社会」実現への取り組みは何とよばれているか。

ア．e-Gov　　イ．Society5.0　　ウ．Web2.0　　エ．ダイバーシティ社会

(平 30 春期午前応用情報技術者試験　改)

ヒント

35 ビッグデータとはどんなデータのことをさすのか、確認しておこう。

章末問題

思考 38　情報とは　……難易度 ★☆☆

以下のリョウスケとオサムの会話文1～3を読み、各問いに答えよ。

会話文1（情報の役割）

リョウスケ：明日は体育祭だから、持ち物は体操服だけでいいよね？

オサム：まだそんなこといっているのか？今日の終礼で、先生が「(ア)念のため授業の用意もしてくるように」っていっていたばかりじゃないか。

リョウスケ：そうそれ、おかしいよね。だって明日は体育祭なのにさ。教科書なんていらないでしょ？

オサム：お前、天気予報見てないのか？(イ)今夜の降水確率は80%だし、雨雲レーダーでも雨雲が続いているんだ。(ウ)明日の朝になってみないと、体育祭が開催できるかどうか、わからないんだぞ？

リョウスケ：なるほど、そういうことだったのか。

会話文2（情報の特性）

リョウスケ：SNSの通知が止まらない…　(エ)どんどん拡散されていく。これからどうしたらいいんだ？

オサム：リョウスケ、お前の動画が今、ネット上で大変なことになっているぞ！　どうしてあんな映像を載せたりしたんだ！

リョウスケ：こんなに炎上するなんて、思ってもみなかったんだ。どうしよう…　(オ)一生消えないよ…。

オサム：(カ)削除依頼を出したとしても、だれかが保存しているかも。画面を録画されたかもしれない。

会話文3（情報の評価・メディアリテラシー）

リョウスケ：俺、この炎上騒ぎが収まったら、レナに告白しようと思うんだ。

オサム：おいやめろ、フラグを立てるなよ。で、告白のプランとか考えてるのか？

リョウスケ：もちろん考えたよ。もうすぐレナの誕生日だろ？　そのときにプレゼントとして、アクセサリを渡して告白するんだ。

オサム：失敗したらフリマアプリに出品されるパターンだな、それ。本当に成功するのか？

リョウスケ：いけるって。メッセージのやり取りだってしてるし、ハートのスタンプだって使ってくれるんだ。これは脈アリに決まってる。

オサム：スタンプだけで脈アリって判断していいのか？どこ情報？

リョウスケ：ネットで検索したら「脈ありサイン10選」っていうページに書いてあったんだ。それにアクセサリだって、ランキングでトップのやつを選んだから、絶対に喜んでくれるよ。

オサム：本当に脈アリかどうかなんて、本人に聞いてみないとわからないじゃないか。それに、アクセサリのランキングだって、広告目的かもしれないだろ？あまり鵜呑みにしないほうがいいと思うよ。

問1　下線部（ア）～（ウ）をDIKWピラミッドの項目（①データ　②情報　③知識　④知恵）に分類せよ。

問2　下線部（エ）～（カ）にあてはまる情報の特性（①情報の残存性　②情報の複製性　③情報の伝播性）を答えよ。

問3　リョウスケはレナが自分に好意を抱いている根拠が、メッセージのやり取りでハートのスタンプを送ってくれたことだとしている。この判断について適切なものを選択肢から選べ。

ア．たしかにネット記事に書いてある情報は二次情報だが、信頼できるはずなので問題ない。

イ．レナ本人からの一次情報ではないため、この時点では好意があるとは判断できない。

ウ．ネット記事に書いてある情報はすべて一次情報なので、どれも信頼できる。

エ．レナの友人に探りを入れてもらった情報も一次情報にあたるので、かなり信頼できる。

問4 インターネット上によく書かれているランキング形式のページや、特定の商品をおすすめする記事を参考にする場合に注意すべき点について、**適切ではないもの**を選択せよ。

ア．ランキング形式のページが企業サイトの場合、自社製品のみのランキングである可能性がある。

イ．インターネット上には正しい情報が集まるので、すべて信頼できる。

ウ．おすすめしている商品のリンクが広告目的のリンクだった場合、Web サイトの管理人が広告収入を得ているため、「売り上げを伸ばしたい」という意図が介在している可能性がある。

思考
39 著作権 ……難易度 ★★★

インターネットの普及により、情報のデジタル化が進み、著作権の侵害が増えるという問題が社会的な関心事となっている。以下の文章を読んで、それに関連する問いに答えよ。

最近、ある小説家が自身の小説をオンラインで公開したところ、その小説が無断でほかの Web サイトに転載され、広く拡散されるという事態が発生した。このような行為は著作権の侵害にあたり、法的な問題となる。情報のデジタル化により、作品のコピーが容易になり、インターネット上での拡散も迅速におこなわれるため、著作権が侵害されるリスクが高まっている。著作権は、作品の制作者がその作品に関して、公正な報酬（ほうしゅう）を受けることができる権利である。著作権を守ることは、創作活動の促進や文化の発展にもつながる重要な要素である。

問1 情報のデジタル化によって著作権が侵害されるリスクが高まる要因として考えられる情報の特性は、次のうちどれか。

ア．情報の残存性

イ．情報の複製性

ウ．情報の伝播（でんぱ）性

問2 著作権を保護する理由として適切なものは次のうちどれか。

ア．制作者の名声を確立するため。

イ．作品の商業的な利用を制限するため。

ウ．制作者に公正な報酬を保証し、創作活動を奨励（しょうれい）するため。

知識
40 産業財産権 ……難易度 ★★★

次の表は、産業財産権についてまとめたものである。【 ア 】～【 シ 】の空欄に該当するものを、各語群から選べ。

名称	内容	保護期間
【 ア 】権	物品の形状や模様、色彩などの視覚を通じて美感を起こさせる斬新（ざんしん）な【 オ 】。	出願から【 ケ 】年
【 イ 】権	自然法則を利用した技術的思想の創作のうち物品の形状、構造などの【 カ 】。【 キ 】ほど高度な技術的アイデアでなくてよい。	出願から【 コ 】年
【 ウ 】権	自分が取り扱う商品やサービスと、他人が取り扱う商品やサービスとを区別するためのマーク(【 ク 】)。	登録から【 サ 】年（更新可）
【 エ 】権	自然法則を利用した技術的思想の創作のうち高度なもの。【 キ 】。	出願から【 シ 】年

【語群】名　称：① 商標　② 実用新案　③ 意匠（いしょう）　④ 特許
　　　　内　容：① 発明　② 考案　③ デザイン　④ 標識
　　　　保護期間：① 5　② 10　③ 20　④ 25　（複数回使用してもよい）

知識 思考
41 著作権 ……難易度 ★★★

次のア～シのうち、著作権法上での著作物に該当するものをすべて選べ。

ア．アニメ作品 　　　イ．歌詞 　　　　　ウ．ミッキーマウスの形状 　　エ．マンガ作品
オ．自作のポエム 　　カ．アイデアや理論 　キ．キャッチフレーズ 　　　ク．翻訳された書籍
ケ．自動車や電気製品のデザイン 　　　　　コ．膨大な時間や費用をかけて計測したデータ
サ．LINE で送られてきた、悩み事に関する長い文章 　　　　　シ．新聞記事

思考
42 情報セキュリティ ……難易度 ★★☆

次の文章は、情報漏えいの報告書の一部である。この文章を読み、問いに答えよ。

> 社内の機密データが外部に漏えいしてしまった。調査の結果、原因はパスワードを定期的に変更せず、推測しやすいパスワードを設定していたことだった。このようなパスワード設定はセキュリティ上の脆弱性となり、外部からの不正アクセスを許してしまった。

問1　この情報漏えいの根本的な原因は次のうちどれか、選べ。
　　ア．不正アクセス　イ．マルウェア感染　ウ．ソーシャルエンジニアリング　エ．不適切なパスワード設定

問2　上記の漏えいを未然に防ぐために最も適切な対策を、以下から選べ。
　　ア．セキュリティポリシーの改善と定期的なパスワード変更の促進
　　イ．ファイアウォールの設定見直し
　　ウ．アンチウイルスソフトの導入
　　エ．社内ネットワークのログ監視の強化

知識
43 サイバー犯罪 ……難易度 ★★☆

右の表は、サイバー犯罪の名称・被害・対策についてまとめたものである。被害と対策についてあてはまるものを選択肢より選んで答えよ。

手口の名称	被害	対策
フィッシング詐欺	(1)	(5)
ランサムウェア	(2)	(6)
スパイウェア感染	(3)	(7)
ショルダーハッキング	(4)	(8)

ア．パスワードの盗難、不正アクセス
イ．個人情報の盗難やオンライン活動の監視
ウ．個人情報の盗難や詐取
エ．データの暗号化や身代金要求
オ．セキュリティソフトウェアの導入と定期的なスキャンをおこない、不正なソフトウェアを削除する。
カ．攻撃を受けたシステムを隔離し、バックアップからのデータ復旧を試みる。
キ．周囲の人々からの視線を避け、パスワードの変更や二要素認証を有効にする。
ク．出所が疑わしいメールは開かず、あやしいリンクをクリックしないようにする。また、あやしい Web サイトには個人情報を入力しないように、慎重になる。

ヒント

42　ソーシャルエンジニアリングとは、人間の行動の隙をついてパスワードを入手するような手口をさす。「エンジニアリング」という名前がついているが、情報通信技術を利用しているとは限らない。ファイアウォールは、内部のネットワークと外部のネットワークとの間に設置して、有害な通信を遮断するもの。

43　スパイウェアは、ユーザがキーボードから入力する行動などを監視するマルウェアの一種。ショルダーハッキングは、ソーシャルエンジニアリングの一種で、人の行動を肩ごしに監視することをさす。

人工知能(AI)について、問1〜3に解答せよ。

問1　次の文章を読み、(1)と(2)にあてはまるものを選べ。(　　)内は選択肢の意味をいいかえたものである。

> 人工知能(AI)は、人間のように学習し、理解し、判断する技術である。しかし、科学小説のAIと現実のAIは異なる。現実のAIは、(1)(反応は入力にもとづく)で、(2)(指定範囲内の作業しかできない)である。

(1)の選択肢：ア．自己学習型　　イ．プログラム依存型　　ウ．感情理解型　　エ．自発的行動型
(2)の選択肢：ア．汎用型　　　　イ．特化型　　　　　　ウ．自由行動型　　エ．自己進化型

問2　以下の選択肢のなかから、現実のAIができることを選べ。

ア．データを分析し、パターンを見つける。　　　　　イ．自分で新しい学習内容をつくりだす。
ウ．人間の感情を完全に理解し、それに応じて反応する。　エ．自己修復機能をもつ。

問3　AIの普及によって生じる問題を1つ選択せよ。

ア．すべての人間がプログラミングを習得しなければならなくなる可能性がある。
イ．すべての人間が科学者になる必要があるという誤解が広がる可能性がある。
ウ．AIをうまく活用できる人と、活用する能力や機会がない人、または活用に反対する人とで格差が広がる可能性がある。
エ．人間の意識がデジタル化されるという誤解が広がる可能性がある。

知識 グラフ
45 **データと情報**　⋯⋯難易度 ★★★

次の図は、「平均給与(実質)の推移(1年を通じて勤務した給与所得者)」と「未婚者の生涯の結婚意思」についてまとめたグラフである。この2つのグラフから読み取れるもので、正しい内容を選択せよ。

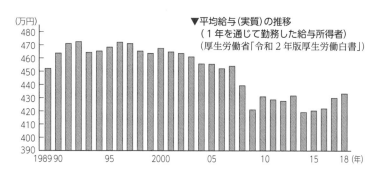

▼平均給与(実質)の推移
(1年を通じて勤務した給与所得者)
(厚生労働省「令和2年版厚生労働白書」)

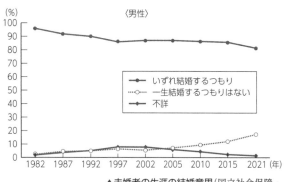

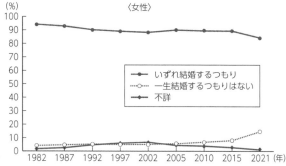

▲未婚者の生涯の結婚意思(国立社会保障・人口問題研究所「第16回出生動向基本調査」)

ア．ブラック企業で働くことで長時間労働が常態化し、恋愛をする余裕がない。
イ．女性の社会進出や高学歴化の影響で、結婚を後回しにしている人が増えた。
ウ．自分の年収に経済的不安を感じ、結婚を諦めている可能性がある。
エ．個人主義の時代を迎え、結婚観にも変化が生じた。

ヒント
44 AIの実態は、コンピュータのプログラムである。
45 グラフの内容は平均給与の変遷と結婚の意思の変遷の2つである。この2つから読み取れる内容は何か考えてみよう。

☑ セルフチェックシート ••

第1章　情報社会の問題解決

節	目標	関連問題	チェック
1	情報とデータの違いについて説明できる。	1・5・38	
	情報と知恵の関係について説明できる。	5・38	
	情報と「もの」の特性の違いについて説明できる。	2・9・38	
	情報の信憑性をたしかめる考え方を理解している。	7	
	メディアとはどういうものか理解している。	8	
	メディアリテラシーについて理解している。	3	
	情報には発信者の意図が含まれていることを理解している。	4	
	情報に含まれる発信者の意図に気がつける。	6・38	
	データから情報を読み取ることができる。	45	
2	問題解決とは何か、理解している。	10	
	問題解決の手順を理解している。	11	
	演繹的推論、帰納的推論の違いがわかる。	18	
	PDCA サイクルの内容を理解している。	16	
	トレードオフの意味を理解している。	12・17	
	おもな発想法の特徴を把握している。	13・19	
	検索サイトにおける、AND 検索、OR 検索、NOT 検索を理解している。	14	
	グラフの形式による特徴を理解している。	15・20	
3	情報セキュリティの3要素を理解している。	25	
	情報セキュリティの脅威となるマルウェアや犯罪の概要を把握している。	21・43	
	情報セキュリティに対する適切な態度がわかる。	42・43	
	個人情報についての基本的な考え方を理解している。	22・26	
	産業財産権の内容を把握している。	40	
	著作物に該当するものを判断することができる。	41	
	著作者の権利を侵害しないように配慮することができる。	23	
	著作権の意義を理解している。	24	
	著作権についての考え方を理解している。	27・39	
4	IoT の内容を把握している。	28・34	
	RFID の内容を把握している。	29	
	AI の活用事例を知っている。	30	
	現実の AI の特性がわかる。	44	
	モバイルデータ通信に関する話を把握している。	31	
	情報技術の発展が社会におよぼす影響を考えられる。	33	
	デジタルデバイドについて知っている。	32・36	
	ビッグデータがどのようなものか知っている。	35	
	Society 5.0 について知っている。	37	

※赤の問題番号は、章末問題。

「音」や「画像」の正体は!?

〜 物理と情報 〜

コンピュータは、さまざまな情報をデジタル化して統一的に扱うことができる。コンピュータでデジタル化して扱う「音」や「画像(光)」の正体である「波」の基本的な性質を確認しておこう。

波とは

静かな池の水面に小石を投げ込むと、落下点を中心として波紋が同心円状に広がっていく。この現象を、**波**または**波動**とよぶ。波は、振動の中心から次々と周囲へと伝わっていく。このときの水のように、波を伝える物質を**媒質**とよぶ。また、小石の落下点のように、最初に振動をはじめたところを**波源**とよぶ。

波の性質

池の表面に木の葉が浮かんでいる場合を考えよう。小石が落ちた波源で発生した波が木の葉を通過しても、木の葉は波といっしょになって進むことはなく、おおむね上下に動くだけである。

このように、波は、波源で生じた振動が伝わる現象であり、波源から広がるのは媒質そのものではない。

上下に動く

単振動と正弦波

ばねにおもりをつけ、つり合いの位置から少し引いて手を離すと、おもりは往復運動をはじめる。このような振動を**単振動**とよぶ。おもりが振動しているとき、1回の往復にかかる時間 T を**周期**(s)とよぶ。また、1秒間に振動する回数 f を**振動数**または**周波数**とよび、単位は **Hz(ヘルツ、回/s)** を用いる。振動の中心から(上または下の)端までの長さを**振幅**という。周期と振動数(周波数)の間には次のような関係がある。

$$f = \frac{1}{T}$$

波源の単振動について考えてみよう。波源が単振動をすると、その振動は媒質を伝わっていく。波源が1往復の単振動をすると、右図のような**正弦波**とよばれる波になる。

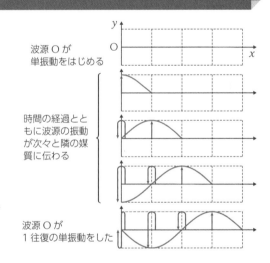

波源 O が
単振動をはじめる

時間の経過とともに波源の振動が次々と隣の媒質に伝わる

波源 O が
1往復の単振動をした

波を構成する要素

正弦波の特徴をあらわす要素は、右の図のようになる。振動の最も高い点を**山**、最も低い点を**谷**とよぶ。山の高さ、あるいは谷の深さが**振幅**となる。隣り合う山と山、谷と谷のように、波の1つ分の長さを**波長**とよぶ。

また、波は波源が1回振動する時間である周期[s]の間に、波長1つ分の距離 λ [m] 進むので、波の速さ v [m/s]は、

$$v = \frac{\lambda}{T}$$

である。

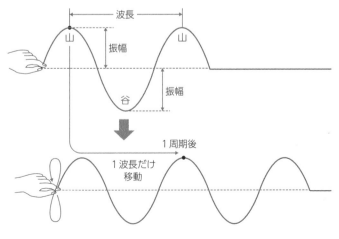

波長

振幅

山　　山

振幅

谷

1周期後

1波長だけ移動

パルス波と連続波

水平に張ったひもの片方の端を上下に動かすと、その動きによっていろいろな波が発生する。短時間振動させると、孤立した波が発生する。これを**パルス波**とよぶ。

一方、たえず振動させると、連続的な波が発生する。これを**連続波**とよぶ。

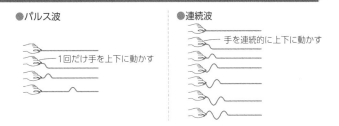

●パルス波
1回だけ手を上下に動かす

●連続波
手を連続的に上下に動かす

データの長さはどのくらい？

導線中を伝わるデジタル電気信号について考えよう。デジタル電気信号はパルス波の形で伝えられ、パルス波があれば1を、なければ0をあらわすとする。電気信号の進む速さは、ほぼ光速と同じであることが知られている。すなわち波の速さ v は

$v = c$ （c は光速、約 3×10^8 (3億) m/s）

また、

$v = \dfrac{\lambda}{T}$ と $f = \dfrac{1}{T}$ より、$v = \lambda f$ がいえる。

このとき、一般的によく使われる1Gbpsのイーサネットのなかを流れる1bitの信号の長さはどれぐらいだろうか？　1GB = 8×10^9bit と考え、1bitを1波長と考えると、周波数 f は $f = 8 \times 10^9$Hz となる。したがって $\lambda = c/f = 3.75 \times 10^{-2}$[m] つまり1bitの波長は約37.5mmとなる。このとき1MB(8×10^6bit)のデータの長さは300kmほどになる。つまり、東京から発信したわずか1MBのデータでも、直線距離で約300km離れた関ヶ原に到着したとき、最後尾はまだ送信前ということになる。

1 0 1 1
進行方向
1波長

▲デジタル信号の波形

横波と縦波

ばねの振動について考えよう。

ばねの端を、ばねの長さ方向と垂直に振動させると、波の振動方向は進行方向と垂直になる。このような波を**横波**という。横波は媒質が固体の場合のみ、伝わる。

一方、ばねの端を、ばねの長さ方向と平行に振動させると、波の振動方向は進行方向と同じになる。このような波を縦波（疎密波）という。**縦波**は媒質が固体の場合のほか、液体や気体の場合も伝わる。たとえば、空気中を進む音の波は、縦波である。

地震の波には、縦波であるP波と横波であるS波があることが知られている。P波とS波の伝わり方の違いから、地球の内部には液休の部分があると考えられている。

縦波は、x 軸の変位の向きを y 軸の変位の向きへ回転させることで、横波と同じように表現することができる。

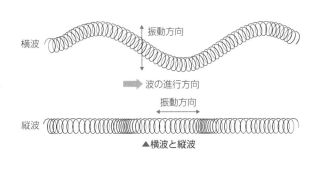

横波
振動方向
波の進行方向
振動方向
縦波

▲横波と縦波

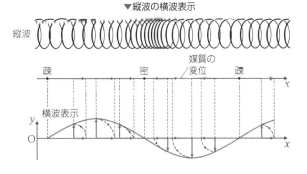

▼縦波の横波表示

縦波

媒質の変位
疎　　　密　　　疎
横波表示

1 数値のデジタル表現

1 アナログとデジタル

身の回りにはアナログで表現されたものとデジタルで表現されたものがある。従来はアナログ表現が多く用いられていたが、現在はさまざまなものがデジタル化している。

❶アナログ

情報を扱う表現方法の1つで、データを連続的に変化する量であらわす。たとえば長さや温度、時間などは連続的に変化するアナログ量である。

❷デジタル

情報を扱う表現方法の1つで、データを離散的(段階的)な量としてあらわす。コンピュータなど電気系による表現方法をデジタルとよび、それ以外をアナログとよぶことがあるが、誤用である。

アナログ表現   デジタル表現

(アルコール温度計)   (電子温度計)

❸デジタル機器のしくみ

デジタル表現をする機器では0と1、電圧の高低、スイッチのオン・オフなど、おもに二値で区別して処理する。

❹デジタル化の利点

- 複製を繰り返しても劣化しにくい。伝送のときにノイズが発生しにくく、発生したとしても復元しやすい。
- 圧縮が容易で大量に保管することができる。劣化させずに戻す圧縮方法もある。
- 画像に音楽をつけるなど、さまざまな種類のデータを統合して扱える。

❺デジタルのデータ量

データ量の最小単位を**ビット**という。n ビットで 2^n 通りの表現が可能。ビット8つ分で**バイト**(記号 **B**)という単位にできる。

例 256色のデータをデジタル化するときは、「$256 = 2^8$」より8ビットが必要となる。

1ビット	2ビット	3ビット	…	n ビット
0	00	000		
1	01	001		
	10	010		
	11	011		
		100		
		101		
		110		
		111		
2通り	4通り	8通り	…	2^n 通り

❻データ量の単位

ビット、バイトのほかにキロバイト(記号 **kB**)などの単位も用いられる。一般的に国際単位系(SI)は1000倍ごとに単位(の接頭辞)が変わる(例:長さの1000mは1km)が、データ量の場合は2のべき乗であらわされる数($1024 = 2^{10}$)でまとめられる場合もある。

8ビット	= 1B	(バイト)
1000 B	= 1kB	(キロバイト)
1000kB	= 1MB	(メガバイト)
1000MB	= 1GB	(ギガバイト)
1000GB	= 1TB	(テラバイト)

2 10進法と2進法

私たちがふだん使用している数の表現方法を **10進法** という。それに対し、コンピュータは二値で表現する **2進法** を用いている。

❶10進法

10をもとにして数を表現すること。0～9の10種類の数を使って表現する。

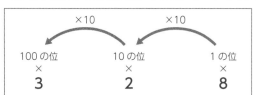

右から1の位、10の位、100の位と10倍ずつ増えていく

100のかたまりを3つ、10のかたまりを2つ、1を8つ合わせた数を「328」と表記し、「サンビャクニジュウハチ」と読む

❷ 2進法

2をもとにして数を表現すること。0と1の2種類の数を使って表現する。2進法の値の桁数がデータ量(ビット)となる。

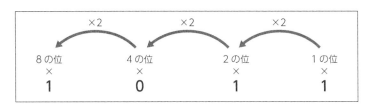

❸ 2進法から10進法への変換

2進法を10進法に変換するには、位の重みと位の数をそれぞれかけた数の合計を出すとよい。2進法の「1101」の場合、10進法では「13」となる。

❹ 10進法から2進法への変換

10進法を2進法に変換するには、❸の手順と逆に考えるとよい。10進法の「11」の場合、2進法では「1011」となる。

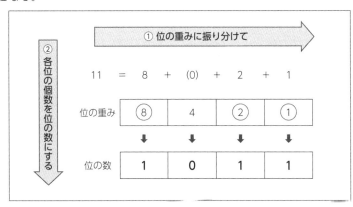

ほかには、**逆さ割り算**を使って求める方法もある。

10進法の値を2で割り、商と余りを求める。その商をまた2で割ってさらに商と余りを求める。これを商が0になるまで繰り返す。余りを最後から順に読み取ると2進法の値になる。たとえば10進法の「11」の場合、2進法では「1011」となる。

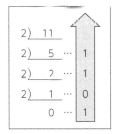

11 ÷ 2 = 5 余り 1
5 ÷ 2 = 2 余り 1
2 ÷ 2 = 1 余り 0
1 ÷ 2 = 0 余り 1
ここで商が0になったので終了

余りを最後から順に読み取ると「1011」

3 2進法の計算

10進法と同様に1桁ずつ計算する。10進法では10以上で繰り上がるが、2進法では2以上で繰り上がる。

❶加算

●繰り上がりなしの加算

```
  325 (10)        0100 (2)
+ 133 (10)      + 1001 (2)
─────────       ─────────
  458 (10)        1101 (2)
```

> どちらも
> 各位どうしを足す

●繰り上がりありの加算

```
    1              1
  325 (10)       0101 (2)
+ 135 (10)     + 1001 (2)
─────────      ─────────
  460 (10)       1110 (2)
```

> 10進法では足して
> 10以上、2進法では
> 足して2(10(2))以上に
> なると、上の位に
> 繰り上がる。

❷減算

●繰り下がりなしの減算

```
  325 (10)        1101 (2)
- 123 (10)      - 0101 (2)
─────────       ─────────
  202 (10)        1000 (2)
```

> どちらも
> 上から下を引く

●繰り下がりありの減算

```
  1 10           0 2
  325 (10)       1101 (2)
- 116 (10)     - 0011 (2)
─────────      ─────────
  209 (10)       1010 (2)
```

> 上から引けない
> 場合は上の位から
> 繰り下げてくる

4 補数表現

❶補数

補数とは補う数であり、次の桁に繰り上がるために補う数である。たとえば2進法で4ビットの場合は、足すと10000(2)になる数が補数である。ただし補数には複数の意味があり、その桁の最大値になるために補う数という意味ももつ。そのため、前者は2の補数、後者は1の補数と分けてよぶ場合もある。

実数には、負の数も存在する。2進法であらわす場合、単に最初の桁を符号とみなして表現する方法もあるが、それでは計算がうまくできない。そこで補数を使用する。ただし、最初に最大の桁数を決めておく必要がある。

> **補数の求め方**　0100(2) の場合　0100
> 　　　　　　　　　　　　　　　　1011
> 　　　　　　　　　　　　　　　　1100
> ①0と1を反転させる（1の補数）
> ②1を加える（2の補数）

(a) 補数を使った正負の整数の表現

2の補数を用いて負の数をあらわす場合は、先頭の桁は1になる。また、その場合は正の数の先頭は0になるので、その桁数で表現できる最大値は変化する。以下は4ビットの2の補数を用いた表現をまとめたものである。

7	6	5	4	3	2	1	0	−1	−2	−3	−4	−5	−6	−7	−8
0111	0110	0101	0100	0011	0010	0001	0000	1111	1110	1101	1100	1011	1010	1001	1000

2進法から10進法に変換する場合は、補数の求め方の逆をおこなうとよい。11000111の場合、1を減算して11000110になり、0と1を反転させると00111001になる。これを10進法で表現すると57になるので、11000111は「-57」である。

(b) 補数を使った減算

補数を使うことで加算回路だけで引き算をおこなうことができる。

0110(2) − 0011(2) の場合（4ビットの計算）

①引く数0011(2)の補数を求める。（反転）0011(2) → 1100(2) （1を足す）1100(2) + 1(2) = 1101(2)

②引かれる数に補数を足す。　　　　　　0110(2) + 1101(2) = 10011(2)

③4ビットをこえる値は消す。　　　　　10011(2) → 0011(2)

5 小数のあらわし方

小数を含む実数をあらわす場合は、2つの方法がある。**固定小数点数**は、小数点の位置を決めて表現をおこなう。しかし、この方法だと大きな数や0に近い数を取り扱う場合に効率が悪いため、小数点の位置を変えられる**浮動小数点数**を用いる。10進法では、固定小数点数の0.000125は浮動小数点数だと 1.25×10^{-4} で表現される。

❶10進法での小数のあらわし方

固定小数点数

| 整数部 | . | 小数部 | 例 | 0.000125 |

浮動小数点数

| 符号部 | 仮数部 | × | 指数部 | 例 | $+1.25 \times 10^{-4}$ |

❷ 2進法での小数のあらわし方

固定小数点数

| 整数部 | . | 小数部 |

例 0.00001011

小数点以下	1 位	2 位	3 位	4 位	・・・
桁の重み	$0.5(2^{-1})$	$0.25(2^{-2})$	$0.125(2^{-3})$	$0.0625(2^{-4})$	・・・

浮動小数点数

| 符号部 | 指数部 | 仮数部 |

例 0　01111010　01100000000000000000000

　　　├─8ビット─┤　├────── 23ビット ──────┤

※浮動小数点の形式は，指数部・仮数部の表示桁数が異なる形式があったり，規格する団体により表現方法が異なったりする。

$+1.011 \times 2$-5 を IEEE754 単精度浮動小数点数(符号部 1 ビット、指数部 8 ビット、仮数部 23 ビット)であらわす場合

- 符号部…符号をあらわす部分。正の場合は 0 、負の場合は 1 であらわす。(0 を浮動小数点数であらわすと、すべてのビットが 0 になる。)
- 指数部…指数の値(2 の何乗か)をあらわす部分。指数部 8 ビットの場合、補正値(バイアス値)を 127 とすると、指数の値 -5 に補正値 127 を加えて 122 を 8 ビットであらわし 01111010 になる。バイアスがあることで 2 の補数であらわすよりも大小関係がわかりやすくなる。
- 仮数部…小数点以下の部分をあらわす部分。1.xxxx の小数部分のみを左詰めに表記する。1.xxxx × 2x の形にすることを**正規化**とよぶ。

❸誤差

　実際の数値と、コンピュータで表現した数値との間に生じたズレを誤差という。浮動小数点数どうしの計算は一方の指数に合わせて計算をおこなう。その場合、表現できる桁数からはみ出した仮数は反映されず、実際の結果とは異なる数値となる**情報落ち誤差**を起こす。そのほか、コンピュータが扱える最大値をこえてしまう**オーバーフロー(桁あふれ誤差)**や、絶対値がほぼ等しい数値どうしを引き算したときに有効桁数が減ってしまう**桁落ち誤差**、計算が完了せずに処理が無限に続いてしまうときに途中で打ち切ってしまうことで生じる**打ち切り誤差**などがある。

❻ 2進法と 16 進法

　コンピュータは 2 進法を用いるが、0 と 1 だけの長い桁数の表現は人間にとって、わかりにくい。そのため、2 進法の 4 桁を 1 桁で表現する 16 進法を用いることがある。

❶ 16 進法

　16 をもとにして数を表現すること。0 ～ 9 の 10 種類の数と A ～ F の 6 種類の記号の計 16 種類の文字を使って表現する。10 進法の 0 ～ 9 は 16 進法でもそのまま 0 ～ 9 になるが、10 以降は A、B、C と置きかわっていき、15 は F であらわされる。

10 進法	2 進法	16 進法
0	0000	0
1	0001	1
2	0010	2
3	0011	3
4	0100	4
5	0101	5
6	0110	6
7	0111	7
8	1000	8
9	1001	9
10	1010	A
11	1011	B
12	1100	C
13	1101	D
14	1110	E
15	1111	F

右から 1 の位、16 の位、256 の位と 16 倍ずつ増えていく

	×16		×16	
256 の位		16 の位		1 の位
×		×		×
1		**3**		**14** → E

256 のかたまりを 1 つ、16 のかたまりを 3 つ、1 を 14 合わせた数を「13E」と表記し、「イチサンイー」と読む

❷ 2進法から 16 進法への変換

　2 進法の 4 桁分を 16 進法に置き換えることができる。 2 進法で 4 桁をこえるときは、右から 4 桁ずつ区切って変換する。その場合、いったん 10 進法に置き換えてから 16 進法に変換するとわかりやすい。たとえば 2 進法の 10011101 の場合、16 進法では 9D となる。

2 進法	10011101	
4 桁で区切る	1001 / 1101	
10 進法	9	13
16 進法	9	D

4 桁ずつ区切ると「1001」と「1101」に分けられる

それぞれを 10 進法に変換すると「9」と「13」になる

16 進法に変換すると「9」と「D」になる

次の文章および表の空欄にあてはまる語句や値を答えよ。

1 水銀式温度計などのように、データを ア 的に変化する量であらわすものは イ 、そろばんのようにデータを ウ 的(段階的)な量としてあらわすものは エ と分類される。

2 デジタルで表現する利点は、複製を繰り返しても オ しにくいことや カ が容易で大量に保存することが可能であること、さまざまな種類のデータを キ して扱えることである。

3 デジタルは ク と ケ の2種類の数で表現できる。データ量の最小単位を コ という。n コ では サ 通りの表現ができる。

4 データの単位

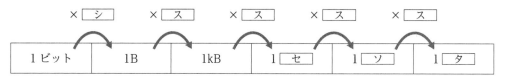

| 1 ビット | | 1B | | 1kB | | 1 セ | | 1 ソ | | 1 タ |

×シ ×ス ×ス ×ス ×ス

5 私たちが日常で使用している数の表現方法を チ という。 ツ ～ テ の10種類の数を使って表現する。それに対し、コンピュータは ト を使用している。 ナ と ニ の2種類の数を使って表現する。

6 10進法・2進法・16進法

10進法	1	2	ノ	10	13	15	16
2進法	1	ネ	1001	1010	1101	1111	フ
(4ビット)	ヌ	0010	1001	1010	1101	1111	
16進法	1	2	ノ	A	ハ	ヒ	ヘ

7 $1001_{(2)} + 0100_{(2)} =$ ホ $_{(2)}$、$1011_{(2)} + 0001_{(2)} =$ マ $_{(2)}$

$1011_{(2)} - 1001_{(2)} =$ ミ $_{(2)}$、$1000_{(2)} - 0010_{(2)} =$ ム $_{(2)}$

8 $1010_{(2)} - 0001_{(2)}$ を補数を使っておこなう場合、以下の手順でおこなう。

(1) $0001_{(2)}$ の0と1を反転させ メ $_{(2)}$ にしたのち、1を足し補数 モ $_{(2)}$ を求める。

(2) $1010_{(2)}$ に モ $_{(2)}$ を ヤ して ユ $_{(2)}$ にする。

(3) 4ビットをこえる部分を消すと、$1010_{(2)} - 0001_{(2)}$ の答え ヨ $_{(2)}$ になる。

プロセスの解答

1 ア. 連続 イ. アナログ ウ. 離散 エ. デジタル **2** オ. 劣化 カ. 圧縮 キ. 統合 **3** ク. 0 ケ. 1 コ. ビット サ. 2^n(ク・ケは順不同) **4** シ. 8 ス. 1000 セ. MB ソ. GB タ. TB **5** チ. 10進法 ツ. 0 テ. 9 ト. 2進法 ナ. 0 ニ. 1(ナ・ニは順不同) **6** ヌ. 0001 ネ. 10 ノ. 9 ハ. D ヒ. F フ. 10000 ヘ. 10 **7** ホ. 1101 マ. 1100 ミ. 0010 ム. 0110 **8** メ. 1110 モ. 1111 ヤ. 足 ユ. 11001 ヨ. 1001

◀例題解説動画

例 題 ① デジタル

➡ 基本問題 46

次のア〜エから「デジタル」のものをすべて選び記号で答えよ。

ア．水銀式体温計　　　イ．そろばん　　　ウ．歩数計　　　エ．レコード

考え方

アナログは連続的に変化し、デジタルは離散的(段階的)に変化するという特徴がある。電気を使用しているかどうかは関係ない。

解答

イ・ウ

例 題 ② デジタルのデータ量

➡ 基本問題 49

以下のア〜ウをデジタル化すると、最低何ビットのデータ量が必要になるか、それぞれ答えよ。

ア．東西南北の4方位　　　イ．サッカー選手11人　　　ウ．A〜Zの26種類の文字に番号を割りあてる

考え方

データ量の最小単位のビットは1ビットで0と1の2通りの情報を表現できる。nビットでは 2^n 通りの情報を表現することが可能である。
アは4通り表現できればよいので　$4 = 2^2$
イは11通り表現できればよいので　$2^3 < 11 < 2^4$
ウは26通り表現できればよいので　$2^4 < 26 < 2^5$

解答

ア．2ビット
イ．4ビット
ウ．5ビット

例 題 ③ データ量の単位

➡ 基本問題 50

光学ディスクは複数の種類があり、保存できるデータ量が異なるが同じ大きさである。次のア〜ウは一般に流通しているディスクと容量であるが、このうち保存できるデータ量が最も多いものはどれか、記号で答えよ。

ア．DVD(4.7GB)　　　イ．Blu-ray Disc(25GB)　　　ウ．CD(700MB)

考え方

データ量の最小単位は1ビットで、8ビット＝1B、1000 B＝1kBと変換していく。
1ビット＜1B＜1kB＜1MB＜1GB＜1TB。この問題では単位をMBかGBに統一して比較する。
ア〜ウをMBに統一すると
アは $4.7 \times 1000 \;=\; 4700$(MB)
イは $25 \times 1000 \;=\; 25000$(MB)
ウは変換なしで700(MB)
※2のべき乗で、1024 B＝1KBのようにする場合もあるが、大小関係は変わらない。

解答

イ

例 題 ④ 10進法と2進法

➡ 基本問題 51

次の10進法の値を2進法で、2進法の値を10進法であらわせ。

① $13_{(10)}$　　　② $25_{(10)}$　　　③ $155_{(10)}$　　　④ $252_{(10)}$

⑤ $1001_{(2)}$　　　⑥ $1111_{(2)}$　　　⑦ $11001101_{(2)}$　　　⑧ $10010101_{(2)}$

考え方

2進法の各位の重みを利用して解いていくとよい。③④は以下の方法ではなく逆さ割り算のほうが早くできる。

重み	128	64	32	16	8	4	2	1	
①	128	64	32	16	8	4	2	1	$13 = 8 + 4 + 1$
②	128	64	32	16	8	4	2	1	$25 = 16 + 8 + 1$
③	128	64	32	16	8	4	2	1	$155 = 128 + 16 + 8 + 2 + 1$
④	128	64	32	16	8	4	2	1	$252 = 128 + 64 + 32 + 16 + 8 + 4$
⑤	128	64	32	16	8	4	2	1	$8 + 1$
⑥	128	64	32	16	8	4	2	1	$8 + 4 + 2 + 1$
⑦	128	64	32	16	8	4	2	1	$128 + 64 + 8 + 4 + 1$
⑧	128	64	32	16	8	4	2	1	$128 + 16 + 4 + 1$

解答

① $1101_{(2)}$
② $11001_{(2)}$
③ $10011011_{(2)}$
④ $11111100_{(2)}$
⑤ $9_{(10)}$
⑥ $15_{(10)}$
⑦ $205_{(10)}$
⑧ $149_{(10)}$

例 題 ⑤ 16進法 ➡基本問題52

次の2進法や10進法の値を、16進法であらわせ。

① $1001_{(2)}$　　② $1111_{(2)}$　　③ $00101011_{(2)}$　　④ $11101100_{(2)}$

⑤ $7_{(10)}$　　⑥ $13_{(10)}$　　⑦ $17_{(10)}$　　⑧ $256_{(10)}$

考え方

256	16	1

16進法では0〜9は10進法と同じだが、10以降はA〜Fであらわす。

2進法の値を16進法に変換するときは、4桁で区切ってから10進法→16進法と変換する。

10進法の値を16進法に変換するときは、重みを利用して解く方法や、いったん2進法に変換してから解く方法もある。

① $1001_{(2)} → 9_{(10)}$　0〜9は10進法と16進法は同じ　② $1111_{(2)} → 15_{(10)}$

③ $\underline{0010}$　$\underline{1011}$　④ $\underline{1110}$　$\underline{1100}$　⑤0〜9は10進法も16進法も同じ

　　↓　　　　　　　　　　　14→E　12→C

　　2　　11→B

⑥ 10→A　11→B　12→C　13→D　14→E　15→F　⑦ 17＝16＋1

⑧ 256＝256＋0＋0

解答

①9
②F
③2B
④EC
⑤7
⑥D
⑦11
⑧100

例 題 ⑥ 補数 ➡基本問題53

次の2進法の値について、2の補数を求めよ。

① $1001_{(2)}$　　② $0110_{(2)}$　　③ $11001101_{(2)}$　　④ $00010100_{(2)}$

考え方

2の補数は2進法において、足すと桁が繰り上がる最も小さい数である。そのため、4桁の2進法の場合は10000(5桁で最も小さい数)、8桁の2進法の場合は100000000(9桁で最も小さい数)から引けば2の補数になる。しかし、繰り下がりが多発し計算ミスしやすいので、補数を求めるときは0と1を反転し、1を足すとよい。

① $1001 → 0110 → 0111$　　② $0110 → 1001 → 1010$

③ $11001101 → 00110010 → 00110011$

④ $00010100 → 11101011 → 11101100$

解答

① $0111_{(2)}$
② $1010_{(2)}$
③ $00110011_{(2)}$
④ $11101100_{(2)}$

例 題 ⑦ 2進法の計算 ➡基本問題53

次の2進法の計算をせよ。

① $1100_{(2)} ＋ 0010_{(2)}$　　② $0011_{(2)} ＋ 1001_{(2)}$

③ $1011_{(2)} － 1001_{(2)}$　　④ $1000_{(2)} － 0100_{(2)}$

考え方

10進法の場合と同じように、桁をそろえて計算する。筆算にすると計算しやすい。足し算の場合は足して2になれば繰り上がり、上の位に1を足す。引き算の場合、上から引けない場合は上の位から繰り下げてきてから引く。

```
①  1100        ② 0011        ③ 1011        ④ 1000
   +0010          +1001          -1001          -0100
```

※単純な足し算　　※1+1は2になり、1つ繰り上がる　　※単純な引き算　　※上から下が引けないときは上の位から繰り下げる

解答

① $1110_{(2)}$
② $1100_{(2)}$
③ $0010_{(2)}$
④ $0100_{(2)}$

例 題 ⑧ 小数点を含む2進法の値 ➡基本問題54

次の文章は2進法での小数について述べている。空欄ア〜カにあてはまる語句を語群から選び答えよ。

2進法での小数表現には2つの方法がある。固定小数点数は10進法と同じように、桁の重みにより小数を表現する。10進法の場合、小数第2位の重みは $0.01(＝10^{-2})$ であるが、2進法の場合は ア $(＝2^{-2})$ である。したがって10進法での0.625を2進法であらわすと $0.5＋0.125$ から イ となる。

これに対し、浮動小数点数は桁の上から順に、符号部、 ウ 、 エ からなる。正の数の場合、符号部は オ になる。浮動小数点数で有効に桁数を利用するために小数点の位置を調整することを カ という。

語群　0　1　0.1　0.11　0.25　0.101　指数部　仮数部　浮動化　正規化

考え方

固定小数点数

2	1	0.5	0.25	0.125	0.0625	・・・

浮動小数点数　形式によって、指数部や仮数部の桁数や扱い方は異なる。符号部1ビット、指数部3ビット、仮数部4ビットの浮動小数点数の場合 0 101 1011 の形になる。

解答
ア. 0.25
イ. 0.101
ウ. 指数部
エ. 仮数部
オ. 0
カ. 正規化

例題 ⑨　誤差　　　　　　　　　　　　　　　　　　　　　　　➡ 基本問題 55

次の文章は、コンピュータで表現したときに生じる誤差について述べている。空欄ア～ウにあてはまる語句を語群から選び答えよ。

コンピュータで 23.4567 − 23.4566 を計算すると 0.0001 という結果が出た。計算前の有効桁数は6桁であったが、計算後の有効桁数は1桁になってしまった。このように、ほぼ等しい数値どうしを引き算すると ア が起きる。また、234500000 + 0.000002345 を計算すると 234500000.000002 となり、 イ を起こす。さらに、10000 の1億乗などの計算を実行しようとすると、計算できる大きさをこえてしまい、 ウ となる。

語群　情報落ち誤差　　丸め誤差　　打ち切り誤差　　オーバーフロー　　桁落ち誤差

考え方
コンピュータはデジタル化された情報を扱うため、計算結果に誤差が生じることがある。その特性を理解したうえで使用しなくてはならない。アの場合は、有効数字の桁数が減ってしまっている。イの場合は、有効数字からはみ出した細かい部分が反映されなくなっている。ウの場合は、表現できる桁数をこえてしまうことによって起こる。

解答
ア. 桁落ち誤差
イ. 情報落ち誤差
ウ. オーバーフロー

基本問題

（知識） ➡ 例題①
46　アナログとデジタル　情報の表現方法に関する次の文章中の a ～ c に入れる字句の組み合わせはどれか。

情報を、連続する可変な物理量(長さ、角度、電圧など)であらわしたものを a データといい、離散的な数値であらわしたものを b データという。音楽の配布に利用される CD は、情報を c データとして格納する光ディスク媒体の1つである。

	a	b	c
ア	アナログ	デジタル	アナログ
イ	アナログ	デジタル	デジタル
ウ	デジタル	アナログ	アナログ
エ	デジタル	アナログ	デジタル

(令3 IT パスポート試験　改)

（知識）
47　データ量の単位　データ量の大小関係のうち、正しいものはどれか。

ア. 1k バイト< 1M バイト< 1G バイト< 1T バイト　　イ. 1k バイト< 1M バイト< 1T バイト< 1G バイト
ウ. 1k バイト< 1T バイト< 1M バイト< 1G バイト　　エ. 1T バイト< 1k バイト< 1M バイト< 1G バイト

(平 23 秋期 IT パスポート試験　改)

（計算）
48　デジタルのデータ量　次のデータ量について、(1)～(3)では【　】内の単位に変換せよ。また、(4)～(6)では最も小さい整数値となるような単位に変換せよ。ここでは、1 KB = 1,024 B (2^{10} B)とする。

(1)　50B【ビット】　　(2)　16,384 ビット【KB】　　(3)　5,120GB【TB】
(4)　$5 \times 1{,}024^2$KB　　(5)　$8 \times 1{,}024^2$ ビット　　(6)　$4 \times 1{,}024^{-2}$GB

計算 ➡例題②

49 **デジタルのデータ量** 2バイトで1文字をあらわすとき、何種類の文字まであらわせるか。

ア．32,000　　イ．32,768　　ウ．64,000　　エ．65,536

思考 **計算** ➡例題③

50 **データ量の単位** USBメモリなどの記憶装置には、2のべき乗で容量を表現しているものがある。平均5MB程度の写真のデータを4000枚程度保存して友人にあげるとすると、どの容量のものを選ぶとよいか。

【選択群】 2GB　4GB　8GB　16GB　32GB　64GB　128GB

計算 ➡例題④

51 **2進法・10進法・16進法** 2進法の111010を10進法と16進法で表現したときの組み合わせとして正しいものをア～エから選べ。

	ア	イ	ウ	エ
10進法	72	310	114	58
16進法	72	3A	72	3A

計算 ➡例題⑤

52 **基数変換** ①～⑩の数値を【 】内の方法で表現せよ。ただし、数値のあとの小さい(2)(10)(16)は、それぞれ2進法、10進法、16進法の値であることをあらわす。

① $0011_{(2)}$ 【10進法】　② $1110_{(2)}$ 【10進法】　③ $10110001_{(2)}$ 【10進法】　④ $54_{(10)}$ 【2進法】

⑤ $83_{(10)}$ 【2進法】　⑥ $149_{(10)}$ 【2進法】　⑦ $10010101_{(2)}$ 【16進法】　⑧ $252_{(10)}$ 【16進法】

⑨ $54_{(16)}$ 【2進法】　⑩ $113_{(16)}$ 【10進法】

計算 ➡例題⑥・⑦

53 **補数** 次の各問いに答えよ。

問1 負の整数を2の補数で表現するとき8桁の2進法で表現できる数値の範囲を10進法であらわしたものを選べ。

ア．$-256～255$　　イ．$-255～256$　　ウ．$-128～127$　　エ．$-127～128$ （平24春期ITパスポート試験　改）

問2 次の2進法で表記された数の2の補数を求めよ。

① $0101_{(2)}$　　② $1000_{(2)}$　　③ $01101111_{(2)}$　　④ $10110100_{(2)}$

問3 負の整数を2の補数で表現する。次の2進法を10進法に、また10進法を8桁の2進法に変換せよ。

① $11111111_{(2)}$　　② $1010_{(2)}$　　③ $-5_{(10)}$　　④ $-72_{(10)}$

問4 2進法の値 $01011010_{(2)}$ と $01101011_{(2)}$ を加算して得られる値はどれか。2進法の値は正の8ビットとする。

ア．00110001　　イ．01111011　　ウ．10000100　　エ．11000101 （平29春期ITパスポート試験　改）

計算 ➡例題⑧

54 **固定小数点数** 2進法の値 $1.011_{(2)}$ を10進法で表現したものはどれか。

ア．1.2　　イ．1.011　　ウ．1.055　　エ．1.375

知識 ➡例題⑨

55 **誤差** 浮動小数点数の演算において、絶対値の大きな数と絶対値の小さな数の加減算を実行したとき、絶対値の小さな数の有効桁の一部または全部が結果に反映されないことを何というか。

ア．打ち切り誤差　　イ．桁落ち　　ウ．情報落ち　　エ．絶対誤差 （平20秋期午前基本情報技術者試験　改）

知識

56 **浮動小数点数** 次の文は浮動小数点数および浮動小数点数における正規化についての説明文である。空欄 ア ～ エ にはいる語や値として最も適切なものを解答群から選び答えよ。

浮動小数点数は「符号」「指数部」「仮数部」の形式で表現する。

　符号：正の数の場合は ア 、負の数の場合は イ

　指数部：2^n の n の部分を ウ での表記にしたもの（バイアス値を加える場合もある）

　仮数部：正規化した小数点以下の値を格納

正規化とは、小数点の位置を調整し、浮動小数点数の表示に適した形にすることである。たとえば，$0.0101_{(2)}$を1.xxxxの形にする正規化は，右のようになる。

0.0101	→	エ	×	2^{-2}

【解答群】 -1　0　1　0.101　1.01　10進法　2進法　16進法

思考 **57** デジタルのデータ量 ……難易度 ★☆☆

10進法の値2、5、10、21を、5つのマス目の白黒で次のようにあらわす。

2 □□□■■ 5 □□■□■ 10 □■□■□ 21 ■■□□■

それぞれのマス目が白のときは0、黒のときはマス目の位置によってある決まった異なる正の値を意味する。この5つのマス目の値を合計して10進法の値をあらわすものとすると、■■□□□があらわす数値はどれか。

ア. 12 イ. 20 ウ. 24 エ. 30
(平23秋期ITパスポート試験 改)

思考 **計算** **58** データ量の単位 ……難易度 ★★☆

1文字を、縦32ドット、横32ドットで表現するには、32×32＝1024ビットが必要である。この場合、文字データが8,192種類あるならば、文字データ全体を保存するために必要な領域は何バイトか。ここでは、$1\,\text{MB}=2^{10}\text{kB}$、$1\text{kB}=2^{10}\,\text{B}$とし、文字データは圧縮しないものとする。

ア. 128 kB イ. 1 MB ウ. 16 MB エ. 96 MB
(平25秋期午前基本情報技術者試験 改)

計算 **59** 基数変換 ……難易度 ★☆☆

8進法は0～7までの数字を使って数を表現する方法である。8進法の値55を16進法で表現したものはどれか。

ア. 2 D イ. 2 E ウ. 4 D エ. 4 E
(平21秋期ITパスポート試験 改)

計算 **60** 小数点を含む2進法の値 ……難易度 ★★★

10進法では数を10^nで割り算をするときには小数点をn個左にずらすことで計算できる。では、10進法の演算式$7\div32$の結果を2進法で表現するとどうなるか、次のア～エから選び記号で答えよ。

ア. 0.001011 イ. 0.001101 ウ. 0.00111 エ. 0.0111
(平31春期午前基本情報技術者試験 改)

計算 **61** 小数点を含む2進法の値 ……難易度 ★★☆

10進法の値－5.625を、8ビット固定小数点形式による2進法で表現したものはどれか。ここで、小数点の位置は3ビット目と4ビット目の間とし、負の数には2の補数表現を用いるものとする。

小数点位置

ア. 01001100 イ. 10100101
ウ. 10100110 エ. 11010011
(平23秋期午前基本情報技術者試験 改)

知識 **62** 誤差 ……難易度 ★★★

ある浮動小数点数表示は、下のような全体8ビットの規則であらわす。この規則で大きな数に小さな数を多数加算し合計する。すると、想定した数値にならないことがある。以下の例について、次の問いに答えよ。

[規則] 符号部1ビット（0は正の数、1は負の数）
　　　　指数部3ビット（2を基数とした指数、負の数の場合は2の補数であらわす）
　　　　仮数部4ビット（0.xxxxの形に正規化した小数部分のみ）

例：100＋0.01＋0.01の答えが100になってしまった。

問1　なぜこのような現象が起こるのかを説明せよ。

問2　どうすれば誤差を抑制することができるか、改善案を述べよ。

ヒント
60 まず、7と32をそれぞれ2進法であらわしてみるとよい。2進法では、数を2^nで割り算するとどうなるだろうか。
61 0.625は、0.5+0.125である。また、0.625は10÷16なので、**60**と同じ考え方で小数部を求めることもできる。

2 さまざまなデジタル表現

❶ 文字のデジタル化

コンピュータの内部では、すべての情報が2進法で表現されており、文字も同様である。

❶文字コード

数値化された文字そのものや、数値と文字の対応表および対応規則のこと。

(a)**ASCII**…米国規格協会によって制定された7ビットの文字コード。列番号は上位3ビット、行番号は下位4ビットであらわされ、16進法で表記される。

　例：アルファベットの大文字「A」は、16進法で「41」（2進法で「100 0001」）と表現される。

(b)**Shift_JIS**…企業によって独自に制定された文字コード。現在では国際規格になっている。ASCII相当部分およびいわゆる半角カナは1文字1バイト、その他の漢字類は1文字2バイトで表現する。

(c)**Unicode**…世界で使われるすべての文字を利用できることを目的としてつくられた文字コード。Unicodeのエンコード（符号化）方式の1つであるUTF-8はASCIIと互換性があり、英数字を1バイト、ほかの文字を2〜4バイトで表現する。

▼ASCII（アスキー）コード対応表

下位ビット		上位ビット 0	1	2	3	4	5	6	7
		0	1	10	11	100	101	110	111
0	0	制御文字		(SP)空白	0	@	P	`	p
1	1			!	1	A	Q	a	q
2	10			"	2	B	R	b	r
3	11			#	3	C	S	c	s
4	100			$	4	D	T	d	t
5	101			%	5	E	U	e	u
6	110			&	6	F	V	f	v
7	111			'	7	G	W	g	w
8	1000			(	8	H	X	h	x
9	1001			)	9	I	Y	i	y
A	1010			*	:	J	Z	j	z
B	1011			+	;	K	[	k	{
C	1100			,	<	L	¥	l	|
D	1101			-	=	M	]	m	}
E	1110			.	>	N	^	n	~
F	1111			/	?	O	_	o	(DEL)文字の削除

❷文字化け

保存と表示に異なる文字コードを使用した場合に、文字が変わってしまう現象のこと。Unicodeに統一することで多くの文字化けは解決される。「①」や「Ⅱ」などの**機種依存文字**を別のソフトウェアで使用したときや、文字でないものや破損したデータを読み出した場合にも発生する。

❷ 音のデジタル化

音は、空気の振動が連続した波として伝わる現象である（→ p.28参照）。波の振れ幅（振幅）が音量、振動回数が音程をあらわす。1秒間の振動回数を周波数といい、単位はHz（ヘルツ）が使われる。

❶デジタル化の手順

(a)**標本化（サンプリング）**…波を一定の時間ごとに区切ること。1秒間にサンプリングする回数をサンプリング周波数といい、単位はHzが使われる。

●**標本化定理**…この定理によるとサンプリング周波数の半分の周波数の音まで再現できる。たとえば音楽CDに記録される音声データ（CD-DA形式）は44,100Hzで標本化され、22,050Hzまでの音を再現できる。人間の耳が聞き取ることのできる周波数の範囲は約20Hz〜20,000Hzといわれているため、十分な再現性がある。

(b)**量子化**…波の振幅を一定の幅に区切り、最も近い値に割りあてること。区切る数を量子化ビット数という。

(c)**符号化**…量子化された値を2進法の数値に変換すること。コード化ともいう。

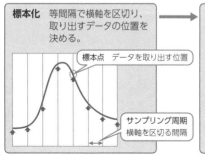

標本化 等間隔で横軸を区切り、取り出すデータの位置を決める。

標本点 データを取り出す位置

サンプリング周期 横軸を区切る間隔

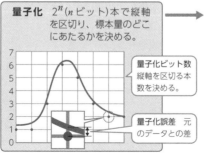

量子化 2^n（nビット）本で縦軸を区切り、標本量のどこにあたるかを決める。

量子化ビット数 縦軸を区切る本数を決める。

量子化誤差 元のデータとの差

符号化 量子化で定めた点を2進法の数値であらわす。

3 画像のデジタル化

❶デジタル化の手順

(a)**標本化**…平面を画素(ピクセル)とよばれるマス目に区切る処理のこと。

(b)**量子化**…光の強さによって色の値を段階的に区切る処理のこと。区切る数を量子化ビット数という。

(c)**符号化**…量子化された値を2進法の数値に変換する処理のこと。コード化ともいう。

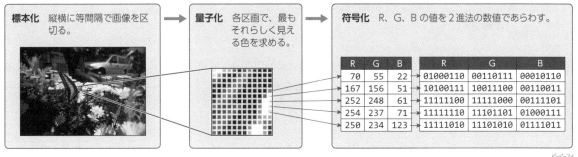

標本化 縦横に等間隔で画像を区切る。	**量子化** 各区画で、最もそれらしく見える色を求める。	**符号化** R、G、Bの値を2進法の数値であらわす。

R	G	B	R	G	B
70	55	22	01000110	00110111	00010110
167	156	51	10100111	10011100	00110011
252	248	61	11111100	11111000	00111101
254	237	71	11111110	11101101	01000111
250	234	123	11111010	11101010	01111011

- **解像度**…デジタル画像をどれくらいの細かさで区切っているかをあらわす指標である。解像度の単位にはppi(pixels per inch)が使われ、1インチあたりのピクセル数をあらわす。
- **アスペクト比**…横と縦の比のこと。デジタルカメラで撮影した画像データやディスプレイのアスペクト比は16:9や4:3であることが多い。
- **階調**…光の強さが何段階かを示す値で、大きいほど濃淡をなめらかに表現できる。赤(R)、緑(G)、青(B)の色の光の量子化ビット数をそれぞれ8ビット(256段階)とすると、1画素あたり24ビットのデータ量となり、約1,677万色を表現できる。
- **光の3原色**…眼の錐体細胞が感じる3つの光の色である、赤(R)、緑(G)、青(B)のこと。ディスプレイの光に用いられる。Webなどでは「#」を先頭につけ、16進法で2桁の数値で、R、G、Bの順に並べて色をあらわす(Webカラーコード)。
- **色の3原色**…光の3原色を1色だけ吸収するシアン(C)、マゼンタ(M)、イエロー(Y)のこと。カラー印刷のインクに使用される。

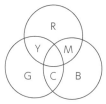

光の3原色の関係

4 動画のデジタル化

わずかに異なる画像をパラパラまんがのように高速で切りかえると、残像効果によって動いているように見える。動画はこの原理を利用してつくられる。

- **フレームレート**…1秒あたりに表示される画像(フレーム)の枚数のこと。単位はfps(frames per second)を用いる。日本のテレビ放送では30fpsになっているが、より高画質の4K放送では60fpsになっている。

5 デジタルデータの圧縮

データ量が大きいファイルは、保存するメディアの容量を圧迫し、送受信すると通信量がかさんでしまう。データの余剰部分や重複部分に注目し、データ量を減らす技術を圧縮、元に戻すことを伸長(展開)という。動画データは特にデータ量が大きくなるので、圧縮が不可欠である。

(a)**可逆圧縮**…内容をそのままにしてデータ量を減らす圧縮のこと。ランレングス圧縮やハフマン圧縮などの手法がある。代表的な可逆圧縮形式には、複数ファイルをまとめるZIP、画像のPNGなどがある。

(b)**非可逆圧縮**…内容を劣化させ、完全には元に戻せない圧縮のこと。可逆圧縮と比べて大幅にデータ量を減らすことができる。音や画像のデータでは、人間にとってなくても違和感の少ないデータを消すなどして圧縮する。代表的な非可逆圧縮形式には、画像のJPEGやGIF、音声のMP3やAAC、動画のMP4などがある。

次の文章の空欄にあてはまる語句や値を答えよ。

1 数値化された文字そのものや、数値と文字の対応表および対応規則のことを ア といい、代表的な ア に、世界で使われるすべての文字を扱うことを目的としてつくられた イ がある。保存と読み取りで異なる ア を適用すると、 ウ という現象が起こり、文字が読めなくなってしまうが、 イ に統一することで多くの ウ は解決される。

2 音は、空気の振動を電気信号に変換し、その信号を一定時間ごとに区切る エ 、波の振幅を一定の幅ごとに区切る オ を経てデジタル化される。たとえば、音楽 CD のサンプリング周波数は カ Hz、量子化ビット数は 16 ビットである。

3 デジタル画像は、 キ とよばれる正方形のマスの集まりでできており、その 1 つ 1 つに色が記録されている。フルカラーの画像の場合、赤(R)、緑(G)、青(B)の 3 色の光の強さがそれぞれ量子化ビット数 8 ビットで記録されているため、1 画素あたり ク ビットのデータ量となる。Web 上で色をあらわすときに用いられる Web カラーコードでは、フルカラーの色を 16 進法で ケ 桁の数値であらわす。

4 デジタル画像をどれくらいの細かさで区切っているかをあらわす指標を コ といい、単位には 1 インチあたりのピクセル数である サ を用いる。ピクセル数の横と縦の比は シ とよばれる。

5 動画は、画像を高速で切りかえたときの残像効果を利用してつくられる。1 秒間に表示する枚数は ス という単位であらわす。一般に、60 ス 以上であれば十分なめらかに感じる。 セ 量を削減するため、半分の 30 ス で作成された動画も多い。

6 内容をそのままにデータ量を減らす圧縮は ソ といい、複数のファイルをまとめる タ 形式などがある。画像や音、動画のデータを送信するときは、完全には元に戻せないが圧縮率の高い チ が用いられることが多い。

プロセスの解答

1 ア. 文字コード イ. Unicode ウ. 文字化け **2** エ. 標本化(サンプリング) オ. 量子化 カ. 44,100 **3** キ. 画素(ピクセル) ク. 24 ケ. 6 **4** コ. 解像度 サ. ppi シ. アスペクト比 **5** ス. fps セ. データ **6** ソ. 可逆圧縮 タ. ZIP チ. 非可逆圧縮

例題 ⑩ 文字のデジタル表現　　　　　　　　　　　　➡ 基本問題 63

次の文章を読み、空欄 ア 、 イ にあてはまる数字を答えよ。

UTF-8 では ASCII に含まれる英数字は 1 バイト、日本語のひらがなや漢字で 3 バイトで表現される。そのため、UTF-8 で「1 富士 2 鷹 3 茄子」は合計 ア バイト、「一富士二鷹三茄子」は合計 イ バイトとなる。

考え方

ASCII に含まれる英数字は a ~ z、A ~ Z、0~9 であるため、「1 富士 2 鷹 3 茄子」に含まれる半角数字である「1、2、3」は 1 文字 1 バイト、「富士」、「鷹」、「茄子」は 1 文字 3 バイトとなる。「一、二、三」は漢数字のため漢字扱いである。

解答

ア．18 バイト
イ．24 バイト

例題 ⑪ デジタル音声のデータ量　　　　　　　　　　　➡ 基本問題 67

サンプリング周波数 44.1kHz、量子化ビット数 16 ビット、ステレオ 2 ch の形式で CD に記録された 5 分間の非圧縮音源のデータ量はおよそ何 MB か。小数第 1 位を四捨五入して整数で答えよ。ここでは 1KB = 1,024B、1MB = 1,024KB を用いて計算することとする。

考え方

サンプリング周波数は 1 秒間にデータを取得する回数であり、1 回あたりのデータ量が量子化ビット数×チャンネル数である。ステレオ音声は左右で 2 種類別々の音声データをもつため、チャンネル数は 2 である。1 回あたりのデータ量に、1 秒間のサンプリング回数(周波数)と秒数を掛け合わせることで、圧縮しない場合のデータ量を求めることができる。

解答

$44,100 \times 16 \times 2 \div 8 \times 300$
$\div 1,024^2$
$= 50.468\cdots$
$\fallingdotseq 50$ [MB]

例題 ⑫ デジタル画像のデータ量　　　　　　　　　　　➡ 基本問題 71

次の文章を読み、空欄 ア ~ ウ にあてはまる 1 桁の数字を答えよ。

デジタル画像は、平面を画素(ピクセル)という区画に分割し、各画素で光の強さの段階値を記録する。フルカラーの場合は、RGB の 3 色それぞれを ア ビットで記録するため、1 画素につき イ B となる。1,920 × 1,080 ピクセルのフルカラーで非圧縮の画像のデータ量は、小数第 1 位を四捨五入するとおよそ ウ MB になる。

考え方

R(赤)、G(緑)、B(青)それぞれの光を合わせて 1 つの色をあらわすことができる。1 画素あたりのデータ量に画素数を掛け合わせることで、画像のデータ量を求めることができる。

解答

ア．8　イ．3　ウ．6

例題 ⑬ デジタル動画のデータ量　　　　　　　　　　　➡ 基本問題 72

画像の大きさが 1,920 × 1,080 ピクセル、量子化のビット数が 24 ビット、フレームレートが 30fps である 5 分間の非圧縮動画のデータ量はおよそ何 GB か。小数第 1 位を四捨五入して整数で答えよ。ここでは 1GB = $1,024^3$B を用いて計算することとする。

考え方

1 枚の画像のデータ量が計算できれば、1 秒あたり 30 枚×5 分間(300 秒)で計算できる総フレーム数を掛け合わせることで、圧縮しない場合のデータ量を求めることができる。

解答

$1,920 \times 1,080 \times 24$
$\div 8 \times 30 \times 300 \div 1024^3$
$= 52.142\cdots \fallingdotseq 52$[GB]

計算 ➡ 例題⑩
63 文字のデータ量

1文字4Bの文字が800字記述されたテキストファイルに含まれる文字データは、およそ何kBか。適切なものを次のア～エから選べ。

　ア．0.4 kB　　イ．3.2 kB　　ウ．25 kB　　エ．3200 kB

知識
64 文字コード

次の(1)(2)の英数字を、ASCIIコード対応表(→ p.40参照)にしたがって16進法で表現せよ。また、(3)(4)の16進法の値は、2桁ずつASCIIコード対応表に沿って英数字で表現せよ。

　(1) X(英数字1文字→ 16進法2桁)　　　(2) 4K(英数字2文字→ 16進法4桁)

　(3) 44(16進法の値→英数字1文字)　　 (4) 4458(16進法の値→英数字2文字)

知識
65 音声のデジタル化

音声などのアナログデータをデジタル化するための処理において、音の信号を一定の周期でアナログ値のまま切り出す処理を何というか。

(平29春期午前基本情報技術者試験　改)

知識
66 音の標本化

サンプリング周波数の説明として正しいものを、次のア～エから選べ。

　ア．波を一定の時間ごとに区切ること

　イ．波の振幅を一定の幅ごとに区切ること

　ウ．CD-DA形式の規格より高いサンプリング周波数や量子化ビット数をもつデジタル音声データのこと

　エ．1秒間にサンプリングする回数のこと

思考 ➡ 例題⑪
67 標本化定理

デジタル音声について述べた文として**最も適切でないもの**を、次のア～エから選べ。

　ア．電話(ISDNなど)のサンプリング周波数は8kHzであるため、16 kHzの音まで再現できる。

　イ．CD-DA形式のサンプリング周波数は44.1 kHzであり、人間の可聴域をカバーしている。

　ウ．CD-DA形式の量子化ビット数は16ビットであり、1秒あたりのデータ量は1411.2 kbpsである。

　エ．人間の耳の感度が鈍い音域で量子化ビット数を減らすなどの工夫によって、違和感の少ないデータの圧縮が実現されている。

知識
68 音の標本化

下の図のように標本化をおこなったときのサンプリング周波数を答えよ。またこのとき、理論上は何Hzまでの音を再現することができるか。

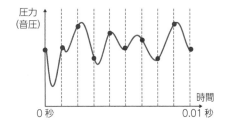

知識 69 Web カラーコード

Web カラーコードについて述べた文として**最も適切でないもの**を、次のア〜エから選べ。

ア．＃と 6 桁の 16 進法の値であらわされる。

イ．16 進法の値 2 桁ごとに赤、緑、青の光の強さをあらわす。

ウ．#000000 は白である。

エ．表現できる色の数は約 1,677 万色である。

知識 70 光の 3 原色と色の 3 原色

色についての説明として**適切でないもの**をすべて、次のア〜エから選べ。

ア．光の 3 原色の 3 色の光は、緑 ＞ 赤 ＞ 青の順に明るい。

イ．青とイエローの光を混ぜると白の光になる。

ウ．赤の絵具は青と緑の光を反射する。

エ．マゼンタの絵具は緑の光のみを吸収する。

計算 →例題⑫ 71 画像のデータ量

縦 4 インチ、横 3 インチの範囲を、200ppi、フルカラーでスキャンし、非圧縮のフルカラー画像を作成した。この画像について、以下の問いに答えよ。

（1）この画像の画素数を求めよ。

（2）この画像のデータ量は何 KB かを求めよ。ここでは 1KB ＝ 1,024 バイトとして計算する。

（3）この画像を 256 段階のグレースケール画像（明るさの情報だけが含まれた画像、モノクロ画像）に変換した場合、フルカラーの元画像に対し、グレースケール画像のデータ量は何分の 1 となるか求めよ。

知識 →例題⑬ 72 動画

動画について述べた文として**最も適切でないもの**を、次のア〜エから選べ。

ア．フレーム（画像）を高速で切りかえたときの残像効果を利用して、動きを再現している。

イ．動画はデータ量が非常に大きいため、撮影後必ず圧縮して保存される。

ウ．1 秒間に切りかわる画像の枚数のことをフレームレートといい、fps という単位であらわす。

エ．動画では変化のないフレームのデータを省略するなどして、データ量の圧縮をおこなう。

知識 思考 73 圧縮

次の文章はランレングス圧縮の考え方について説明したものである。文章を読み、以下の問いに答えなさい。

ランレングス圧縮では、同じデータが連続した場合、そのデータのかたまりをデータ 1 つ分と連続した長さ（回数）で表現することで圧縮する。たとえば、「AAABBCCCCDEE」を文字と連続した長さで表現すると、「A3B2C4D1E2」となる。

（1）ランレングス圧縮された次の文字列を元の文字列に戻せ。

A8E1F1D4

（2）次の文字列をランレングス圧縮の方法で圧縮せよ。

EEEECCABAB

（3）ランレングス圧縮のように元に戻すことができる圧縮方法を何というか。

発展問題

知識 **思考**
74　**文字化け**　……難易度 ★★☆

文字コードについて述べた文として**最も適切でないもの**を、次のア～エから選べ。

ア．機種依存文字を使用した文字データをほかの端末に送ると、同じ文字で表示されないことがある。

イ．文字化けしたデータを保存しても、正しい文字コードで読み直せば必ず元通りになる。

ウ．日本の携帯電話から生まれた絵文字は、Unicode にも収録され世界中で Emoji として使用されている。

エ．使用している文字コードに含まれない異体字は、私的領域に登録してデータを共有する方法や、異体字セレクタと対応したフォントを使用する方法などによって使用できるが、機種依存文字と同様の注意が必要である。

知識 **思考**
75　**輝度**　……難易度 ★★★

色情報の表現形式の1つであるYUVにおけるYは輝度とよばれ、人間が感じる明るさをあらわす。RGBの値からYを求める変換式は「$Y = 0.299 \times R + 0.587 \times G + 0.114 \times B$」である。このことについて述べた文として正しいものを、次のア～エから選べ。

ア．最も明るさに影響をおよぼすのはR（赤成分）である。

イ．最も明るさに影響をおよぼすのはG（緑成分）である。

ウ．最も明るさに影響をおよぼすのはB（青成分）である。

エ．RGBのどの値も明るさは同じである。

思考
76　**アスペクト比**　……難易度 ★★★

アスペクト比が 4:3 のプロジェクタを 4:3 の白いスクリーンにちょうどおさまるよう準備した。このプロジェクタに 16:9 の端末の画面を表示した場合の状況として正しいものを、次のア～エから選べ。

ア．左右の端に黒いふちが映り、上下の端はちょうどおさまった。

イ．上下の端に黒いふちが映り、左右の端はちょうどおさまった。

ウ．左右の端はちょうどおさまったが、画面の上下の端がスクリーンをこえて映った。

エ．上下の端はちょうどおさまったが、画面の左右の端がスクリーンをこえて映った。

計算
77　**実録音時間**　……難易度 ★★☆

CD-DA 形式で 74 分録音可能な CD に、エラー訂正データを 2,048 バイトごとに 304 バイト確保する CD-ROM 形式で録音する場合、音声データとして使用可能な容量は約何 MB で、約何分間の録音が可能か。答えの組み合わせとして最も適切なものを、次のア～エから選べ。

なお、CD-DA 形式ではサンプリング周波数 44.1kHz、量子化ビット数 16 ビット、ステレオ 2ch で記録する。CD-ROM 形式でも音声データの記録は CD-DA 形式と変わらない。また、ここでは 1KB = 1,024B を用いて計算することとする。

ア．754MB – 74 分

イ．754MB – 64 分

ウ．650MB - 74 分

エ．650MB – 64 分

ヒント

74 異なる機種の端末でデータを開いても、送られてきた文字コードそのものが変化するわけではない。

77 CD-DA 形式では、サンプリング周波数は 44.1kHz、量子化ビット数は 16 ビットで、ステレオ（2ch）の音声が記録されている。

計算 78 音のデジタル化 ……難易度 ★☆☆

音声を次の図のようにモノラル 1ch で標本化・量子化するとき、1 秒間あたりに必要なデータ量は少なくとも何ビットか。

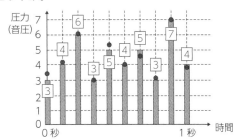

計算 79 動画のデータ量 ……難易度 ★★★

2 分で 75MB の動画を、通信速度が 1 Mbps のネットワークを用いてダウンロードしながら途切れることなく再生するためには、再生開始前のデータの事前読みこみ時間が何分あれば十分か。正しいものを、次のア～エから選べ。ただし、再生に必要な事前のデータ処理は通信速度より常に高速であるとする。

ア. 1 分　　イ. 4 分　　ウ. 8 分　　エ. 16 分

（平 29 秋期午前基本情報技術者試験　改）

知識 80 圧縮率 ……難易度 ★☆☆

次の文章を読み、空欄 ア 、 イ にあてはまる数字を答えよ。

データ量が 6.0 MB の BMP 形式の非圧縮の画像データがある。この画像のデータ量は、JPEG 形式に変換すると 3.0 MB となり、PNG 形式に変換すると 5.4 MB となった。圧縮率を（圧縮後のデータ量）÷（元のデータ量）の百分率で求めるとすると、JPEG 形式に変換した場合の圧縮率は ア 、PNG 形式に変換した場合の圧縮率は イ となる。

計算 81 ランレングス圧縮 ……難易度 ★☆☆

通常のランレングス圧縮では、データが連続していない場合、1 という数字が付加されてしまい、元のデータより大きくなってしまうことがある。1 文字あたりのデータ量が均一だとするとき、「ABCDEFEFCDAB」というデータは、ランレングス圧縮するとデータ量は何倍になるか。

計算 82 ハフマン圧縮 ……難易度 ★★★

ハフマン符号化では、出現回数の多い文字には短いビット列を、出現回数の少ない文字には長いビット列を割りあてる。ハフマン符号化による圧縮をハフマン圧縮という。ハフマン符号化では出現する文字の種類で必要なビット数を決め、文字列中の出現回数が多い順に小さなビット数を割りあてていく。

A ～ D の 4 種類の文字でできた "ABACA DABAD ABACA BADAA" という文字列では、出現回数が A>B>D>C となっているため、1～3 ビットで A:1、B:00、D:010、C:011 と割りあてることでビット数が少ないハフマン符号に変換でき、データ量を圧縮できる。ハフマン符号化した場合のビット数 x と、4 通りの 2 ビットで A:00、B:01、C:10、D:11 と割りあてた場合のビット数 y との比 $x:y$ を答えよ。

ヒント

78 1 秒の位置の標本は、次の周期に含まれる。

79 1Mbps は、1 秒間に 1 メガビット（1 メガバイトではない）のデータを送ることができることをあらわす。

3 コミュニケーションと情報デザイン

1 コミュニケーション手段の発達

情報を伝達することをコミュニケーションという。

❶コミュニケーションの発達

	15 世紀	19 世紀	20 世紀	
ことば	活版印刷	郵便制度	電気通信 電話	情報通信技術 テレビ
口頭	印刷物 Dalichi	手紙	ラジオ	携帯電話

❷コミュニケーションの形態

人数 ＼ タイミング	同期型	非同期型
1 対 1	会話、電話、ビデオ通話機能	手紙、メール、LINE
1 対多	テレビ、ラジオ、ライブ配信	新聞、Web ページ、YouTube
多対多	テレビ会議	SNS の投稿、電子掲示板

2 情報デザイン

情報デザインとは、効果的なコミュニケーションや問題解決のために、情報を整理したり、目的や意図をもった情報を受け手に対してわかりやすく伝達したり、操作性を高めたりするためのデザインの基礎知識や表現方法およびその技術のこと。

抽象化	情報の要点を抜き出す 例 アイコン、ピクトグラム、ダイヤグラム、路線図、インフォグラフィックス
構造化	関係性や順序、レベルなどで整理して表現する 例 並列、順序、分岐、階層、視線の流れ
可視化	視覚的にわかりやすく表現する 例 表、図解、グラフ、年表、フローチャート

❶ユニバーサルデザイン

年齢、性別、身体的特徴、文化などの違いにかかわらず、**すべての人が快適に利用できる**ように製品や建造物、生活空間などをデザインすること。

❷アクセシビリティ

年齢、性別、身体的特徴、文化などの違いにかかわらず、すべての人が、快適に製品やサービスを**利用できるかの度合い。**

❸ユーザビリティ

ユーザが特定の目標を達成する場合、いかに効果的に、効率的に、満足できるように**使うことができるかの度合い。**

ユニバーサルデザインの 7 原則

原則 1 （公平性）だれにでも公平に利用できる

原則 2 （自由性・柔軟性）使ううえで自由度が高い

原則 3 （単純性）使い方が簡単ですぐわかる

原則 4 （わかりやすさ）必要な情報がすぐに理解できる

原則 5 （安全性）うっかりミスや危険につながらないデザインである

原則 6 （体への負担の少なさ）無理な姿勢をとることなく少ない力でも楽に使用できる

原則 7 （スペースの確保）アクセスしやすいスペースと大きさを確保する

3 わかりやすい表現の工夫

❶究極の 5 つの帽子掛け

アメリカ人の建築家・グラフィックデザイナーであるリチャード・ソール・ワーマンによって提唱された分類方法。

位置(Location)	地図、映画館の座席予約の表示
アルファベット(Alphabet)	辞書、電話番号、書籍の索引
時間(Time)	テレビ番組表、歴史年表
分野(Category)	通信販売のカタログ、教科書
階層(Hierarchy)	グラフ、口コミサイトの評価

❷デザインの原則

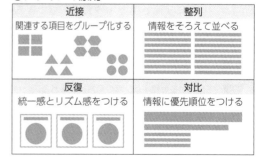

近接	整列
関連する項目をグループ化する	情報をそろえて並べる
反復	**対比**
統一感とリズム感をつける	情報に優先順位をつける

プロセス

次の文章および表の空欄にあてはまる語句や値を答えよ。

1 情報を伝達することを ア という。情報伝達手段は、口頭から始まり、15世紀には、活版印刷技術により新聞や本などの イ が普及し、19世紀には、電気通信技術により ウ やラジオが登場した。20世紀には、情報通信技術により エ が登場し、現在も生活に欠かせないツールとなっている。

2 コミュニケーションの形態

人数＼タイミング	オ 型	カ 型
キ	会話、電話	手紙、LINE
ク	テレビ、ライブ配信	新聞、YouTube
ケ	テレビ会議	SNSの投稿、電子掲示板

3 情報デザインとは、 コ なコミュニケーションや問題解決のために、情報を サ したり、目的や意図をもった情報を シ に対して ス 伝達したり、操作性を高めたりするためのデザインの基礎知識や表現方法およびその技術のことである。

4 情報デザインの工夫には、 セ ：情報の要点を抜き出す、 ソ ：関係性や順序、レベルなどで整理して表現する、 タ ：視覚的にわかりやすく表現することがあげられる。

5 年齢、性別、身体的特徴、文化などの違いにかかわらず、すべての人が快適に利用できるように製品や建造物、生活空間などをデザインすることを チ といい、すべての人が快適に製品やサービスを利用できるかの度合いのことを ツ という。また、ユーザが特定の目標を達成する場合、いかに効果的に、効率的に、満足できるように使うことができるかの度合いのことを テ という。

6 ユニバーサルデザインの7原則

原則1 ト ：だれにでも公平に利用できる　　原則2 ナ ：使ううえで自由度が高い
原則3 ニ ：使い方が簡単ですぐわかる　　原則4 ヌ ：必要な情報がすぐに理解できる
原則5 ネ ：うっかりミスや危険につながらないデザインである
原則6 ノ ：無理な姿勢をとることなく少ない力でも楽に使用できる
原則7 ハ ：アクセスしやすいスペースと大きさを確保する

7 デザインの4原則

ヒ ：関連する項目をグループ化する　　フ ：情報をそろえて並べる
ヘ ：統一感とリズム感をつける　　ホ ：情報に優先順位をつける

プロセスの解答

1 ア．コミュニケーション　イ．印刷物　ウ．電話　エ．携帯電話　**2** オ．同期　カ．非同期　キ．1対1　ク．1対多　ケ．多対多　**3** コ．効果的　サ．整理　シ．受け手　ス．わかりやすく　**4** セ．抽象化　ソ．構造化　タ．可視化　**5** チ．ユニバーサルデザイン　ツ．アクセシビリティ　テ．ユーザビリティ　**6** ト．公平性　ナ．自由性・柔軟性　ニ．単純性　ヌ．わかりやすさ　ネ．安全性　ノ．体への負担の少なさ　ハ．スペースの確保　**7** ヒ．近接　フ．整列　ヘ．反復　ホ．対比

83 ユニバーサルデザイン ユニバーサルデザインの考え方として、適切なものはどれか記号で答えよ。

ア．一度設計したら、長期間にわたって変更しないで使えるようにする。

イ．世界中どの国で製造しても、同じ性能や品質の製品ができるようにする。

ウ．なるべく単純に設計し、製造コストを減らすようにする。

エ．年齢、文化、能力の違いや障害の有無によらず、多くの人が利用できるようにする。

（平 22 秋期 IT パスポート試験　改）

84 アクセシビリティ Web アクセシビリティの説明として、適切なものはどれか記号で答えよ。

ア．Web サイトを活用したマーケティング手法である。

イ．Web ページのデザインを統一して管理することを目的としたしくみである。

ウ．年齢や身体的条件にかかわらず、だれもが Web を利用して、情報を受発信できる度合いである。

エ．利用者が Web ページに入力した情報にもとづいて、Web サーバがプログラムを起動して動的に表示内容を生成するしくみである。

（平 23 秋期 IT パスポート試験　改）

85 情報デザイン 次の文は、学習成果発表会に向けて、3 人の生徒が発表で用いる図について説明したものである。内容を表現する図として最も適切なものを、あとの解答群から 1 つずつ選び、記号で答えよ。

生徒Ａ：クラスの生徒全員の通学手段について調査し、「クラス全員」を「電車を利用する」「バスを利用する」「自転車を利用する」で分類し表現します。

生徒Ｂ：よりよい動画コンテンツを制作する過程について、多くの人の意見を何度も聞き、「Plan」「Do」「Check」「Act」といった流れで表現します。

生徒Ｃ：家電量販店で販売されているパソコンを価格と重量に着目して、「5 万円以上・1 kg 以上」「5 万円以上・1 kg 未満」「5 万円未満・1 kg 以上」「5 万円未満・1 kg 未満」という区分に分類し表現します。

【解答群】

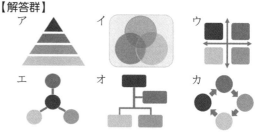

（令 3 大学入学共通テストサンプル問題　改）

86 情報デザイン 次の文を読み、（1）～（3）に入れるのに最も適切なものを 1 つずつ選び記号で答えよ。※（2）、（3）は順不同

　情報を整理して表現する方法として、アメリカのリチャード・S・ワーマンが提唱する「究極の 5 つの帽子掛け」というものがある。この基準によれば、**図 1** の「鉄道の路線図」は（1）を基準にして整理されており、**図 2** のある旅行会社の Web サイトで提供されている「温泉がある宿の満足度評価ランキング」は（2）と（3）を基準に整理・分類されていると考えられる。

【選択肢】　ア．場所　　　イ．アルファベット　　ウ．時間

　　　　　　エ．カテゴリー　　オ．階層（連続量）

（令 4 大学入学共通テスト試作問題　改）

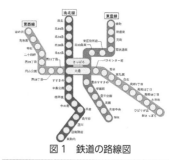

図 1　鉄道の路線図

図 2　温泉がある宿の満足度評価ランキング

知識
87 情報デザイン ……難易度 ★☆☆

次の図は、レイアウトにおける視覚的効果について説明したものである。これは、デザインの原則のうちどの原則にもとづいたものか、適切なものを解答群から1つ選び、記号で答えよ。

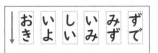 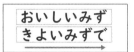

【解答群】 ア．近接　　イ．整理　　ウ．反復　　エ．対比　　(情報デザイン試験ビジュアルデザイン分野サンプル問題　改)

思考
88 ユーザインタフェース ……難易度 ★★☆

営業伝票を入力する画面の設計に際し、リストボックスを使った選択画面において、作業効率を高めるために、画面が表示された時点で、ある値がすでに選択された状態になるように設定することにした。取引先の所在地(関東地方の7つの都道府県の名称)を選択するリストボックスの場合、選択された状態で設定される都道府県として、適切なものはどれか。解答群から1つ選び、記号で答えよ。

〔入力作業に関する事項〕

　(1)営業担当者ごとの取引先の所在地は、1つまたは隣接する2つの都道府県にある。

　(2)営業担当者は、伝票を取引先ごとに分類して、入力作業担当者に渡す。

　(3)入力作業は、営業担当者ごとの伝票をまとめておこなう。

　(4)まとめて入力する伝票の数は、都道府県ごとに複数枚ある。

　(5)1画面の入力操作で、1枚の伝票が入力できる。

【解答群】

　ア．営業成績のよい担当者の取引先がある都道府県　イ．会社数が最も多い東京都

　ウ．五十音順で先頭となる茨城県　　　　　　　　　エ．前画面で入力した都道府県　(平21春期ITパスポート試験)

知識
89 情報デザイン ……難易度 ★★☆

次のポスターにあらたに以下の情報を加えることが必要になった。配置する位置として最も適切なものはどれか解答群から1つ選び、記号で答えよ。

　■追加する掲載情報：UH町観光協会の連絡先

　　〒099-4355 北海道斜里郡斜里町ウトロ111－123

【解答群】

　ア．①の位置　　イ．②の位置
　ウ．③の位置　　エ．④の位置

(情報デザイン試験ビジュアルデザイン分野サンプル問題　改)

ヒント
88　リストボックスとは、表示された選択肢から選択することでデータを入力できるようになっているもののこと。

[計算]
90　基数変換、補数 ……難易度 ★☆☆

次の値を求めよ。

(1)　1101(2)を10進法で表現する。

(2)　19(10)を16進法で表現する。

(3)　CD(16)を10進法で表現する。

(4)　100(10)を2進法で表現する。

(5)　0011の2の補数を4ビットで求める。

(6)　10001011の2の補数を8ビットで求める。

(7)　4ビットの2の補数1011の元の2進法の値を求める。

(8)　8ビットの2の補数で表現された10001011を10進法で表現する。

[計算]
91　浮動小数点数 ……難易度 ★☆☆

ある数をIEEE754の半精度浮動小数点数であらわすと「1011111101000000」であった。10進法の値に変換しなさい。なお、半精度浮動小数点数は以下の方法であらわされる。

【IEEE754 半精度浮動小数点数】

符号部1ビット(0は正の数、1は負の数)

指数部5ビット(2を基数とした指数にバイアス値15を加えたもの)

仮数部10ビット(1.xxxxの形に正規化した小数部分のみを左詰めに表記)

[計算]
92　文字データの表現 ……難易度 ★★☆

右に示すASCIIコード表を参考に次のコードを文字列に変換し、変換した文字列を答えよ。

コード：1001010　1101111　1001000
　　　　1101111

上位3ビット→

下位4ビット↓	0	1	2	3	4	5	6	7
0			(SP)	0	@	P	`	p
1			!	1	A	Q	a	q
2			"	2	B	R	b	r
3			#	3	C	S	c	s
4			$	4	D	T	d	t
5			%	5	E	U	e	u
6			&	6	F	V	f	v
7			'	7	G	W	g	w
8	制御文字		(	8	H	X	h	x
9			)	9	I	Y	i	y
A			*	:	J	Z	j	z
B			+	;	K	[	k	{
C			,	<	L	\	l	|
D			-	=	M	]	m	}
E			.	>	N	^	n	~
F			/	?	O	_	o	(DEL)

[ヒント]

91　符号部，指数部，仮数部にわけて変換する。指数部のバイアス値に気をつけよう。

92　上位ビットは3ビットなので、8ビットで表現するといちばん上のビットは必ず0になっている。

知識 **93** **文字データの表現** ……難易度 ★★★

次の記述中の（1）～（3）に入れるべき適切な字句を解答群から選べ。

コンピュータ内部では、文字を表現するために、0と1の組み合わせにどの文字を割りあてるかを決め、体系的に設定している。これを文字コードとよぶ。割りあて方の違いにより複数の文字コード体系が存在する。

たとえば、漢字を割りあてる場合、常用漢字だけでも約2,000種類あるため、8桁の単位1つだけでは足りず（1）桁の2進法で表現するJISの漢字コードとして定めた。このコード体系では最大（2）種類まで表現できるため、常用漢字以外の漢字や、ひらがな・カタカナ・アルファベット、数字や記号も含めて定義している。

1行40文字、1ページ50行の文書がある。文字コードにJISで定められた漢字コードのみを使用してコンピュータに記録した場合、1ページを記録するために必要となる記憶容量はおよそ（3）バイトである。

【（1）の解答群】　ア．4　　　　イ．16　　　　ウ．32

【（2）の解答群】　ア．4,096　　イ．16,384　　ウ．65,536

【（3）の解答群】　ア．1,000　　イ．2,000　　ウ．4,000　　　　　（令4後期情報活用試験3級　改）

思考 **94** **情報の表現形式** ……難易度 ★★★

次の記述を読み、問いに答えよ。

情報やデータの表現形式として、アナログとデジタルがある。コンピュータで取り扱うのはデジタル化されたデータである。

問1　次のアナログとデジタルに関する記述中の（1）～（6）に入れるべき適切な字句を解答群から選べ。

アナログは、電気回路の電圧や電流などの強弱を、連続量であらわしたものである。デジタルは、電気信号のON/OFFの動作を基本として、0と1の組み合わせで表現したものである（図1）。

次の手順1～3により、アナログ信号を、コンピュータで扱えるデジタル信号に変換することができる。

手順1：一定の間隔でアナログ信号の値を読み取る。

手順2：一定の範囲の数値（今回は0～15）に整数値化する。

手順3：手順2の整数値をON/OFFの数値（4桁の2進法）に変換する。

手順3の2進法の値を⓪～⑤まで順に並べたものがデジタル信号となる。

たとえば、**図2**の場合は右の表のようになる。

図1　アナログとデジタル

図2　アナログ信号

【(1)～(4)の解答群】

　ア．0100　イ．0101　ウ．1000

　エ．1001　オ．1011　カ．1100

　キ．1101　ク．1110

読み取り位置	手順2の数値	手順3の2進法の値
⓪	7	0111
①	14	(1)
②	10	1010
③	11	(2)
④	5	(3)
⑤	8	(4)

また、デジタル信号をアナログ信号に変換するには、逆の手順をふめばよい。

手順1：デジタル信号（ON/OFFの数値）を、4桁ずつの2進法の整数の値に変換する。

手順2：各整数値を線が曲線になるよう補間して結び、連続量の信号にする。

たとえば、**図3**の場合、次のようになる。

デジタル信号 | 1010 | 0110 | 1101 | 1110 | 1000 | 0100 |
　　　　　　　⓪　　　①　　　②　　　③　　　④　　　⑤

図3　デジタル信号からアナログ信号への変換の例

【(5)、(6)の解答群】　　　　ア．5　イ．6　ウ．13　エ．14

問2　デジタル信号の特徴をア～ウから選べ。

　ア．経年劣化しない　　イ．コピーの繰り返しにより劣化する　　ウ．雑音の影響を受けやすい

（令4前期情報活用試験3級）

95 **データの圧縮** ……難易度 ★★★

次の記述を読み、問いに答えよ。

図を画素であらわす手法を考える。

手順1：**図1**の場合、3×3個の画素を左上から1行ずつ右方向へ1画素ずつ読み取り、黒なら B、白なら W と書くと「BWBBBBWB」（9文字）となる。

手順2：次に、BやWがn個連続する場合を「Bn」、「Wn」とあらわす。ここで、nは2以上の整数とする。**図1**は「BWB5WB」（6文字）と表現できる。

手順3：手順1・2より、**図1**の圧縮率は、6÷9＝66.7% であると定義する。

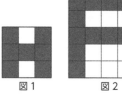

図1　　図2

問1　**図2**の画素数はいくらか。数値で答えよ。

問2　手順2より、**図2**は B、W、n を用いてあらわすとどのように表現できるか、適切なものを選べ。

ア．「B5W2BWB2WBW4BWB2W4」　　イ．「B6W4B4WBW4BW4」

ウ．「B6WBW2BWBW2BWBW2BW4」

問3．手順3より、**図2**の圧縮率は何%か答えよ。

（平22秋期 IT パスポート試験　改）

計算
96 **データ量の計算** ……難易度 ★★★

次の記述を読み、問いに答えよ。

(1)	ディスプレイやプリンタなどで画像を扱う際に、色の濃さや明るさを何段階で表現することができるかをあらわす数のこと。			
	例 2 段階	モノクロ(白か黒)	1 ビット	2^1=2
	256 段階	グレースケール	8 ビット	2^8=256
	65,536 段階	16 ビットカラー	16 ビット	2^{16}=65,536
	16,777,216 段階	24 ビットフルカラー	24 ビット	2^{24}=16,777,216
(2)	1 秒間の動画が何枚の画像で構成されているかを示す単位のこと。単位は fps であらわされる。 **例** 60fps は、1 秒間に 60 枚の画像で記録されることをあらわす。			

問1　（1）～（2）に入れるべき適切な字句を解答群から選べ。

ア．フレームレート　　イ．彩度　　ウ．明度　　エ．階調

問2　横 1,600 画素、縦 1,200 画素で、24 ビットフルカラー画像のデータ量は何 MB になるか。

ただし、1MB は 10^6 B とし、圧縮はおこなわないものとする。

問3　問2の画像を1枚として 30fps で1分間の動画を作成するとデータ量は何 GB になるか。

ただし、1GB は 10^9 B とし、圧縮はおこなわないものとする。

知識
97 **ファイルの形式** ……難易度 ★★★

次の記述を読み、問いに答えよ。

コンピュータ内部では、あらゆるソフトウェア資源はファイル単位で記録され管理されている。記憶装置上の数多くのファイルやフォルダをどのように記憶・管理するかを指定する方式をファイルシステムという。内容が理解しやすいようにファイル名をつけることで、管理がしやすくなる。Windows では、ファイル名の後ろにファイルの種類を示す拡張子をつけ加えた形式であらわす。代表的な拡張子の一部を表に示した。

問1　表の空欄(1)～(3)にはいる語句として適切なものを、ア～ウから選べ。

ア．音声　　イ．動画　　ウ．画像

問2　(4)にはいる語句としてふさわしいものを次のア～エから選べ。

ア．プログラムファイル　　イ．ハイパーテキストファイル

ウ．圧縮ファイル　　　　　エ．データベースファイル

問3 次のア～エから可逆圧縮について説明した文章として正しいものを選べ。

ア．圧縮したデータを元に戻すときに、完全に元に戻すことができるデータ

イ．圧縮していないデータ

ウ．圧縮したデータを元に戻すときに、元に戻すことができないデータ

エ．圧縮を2回以上繰り返したデータ

拡張子	特　徴
txt	テキストファイル
jpg (または jpeg)	写真ファイル
png	（1）ファイル
mp3	（2）ファイル
mp4	（3）ファイル
zip	（4）
html	HTMLのルールで記述された、Webページなどのファイル

問4 可逆圧縮形式のファイルであるものを次のア～エからすべて選べ。

ア．PNGファイル　　　イ．JPEGファイル　　　ウ．ZIPファイル　　　エ．MP3ファイル

思考 グラフ
98 文章の表現 ……難易度 ★★★

次の説明を読み、問いに答えよ。

高校1年生の情報の授業で「スマートフォンの利用状況」について調べ、レポートにまとめた。右図はあるグループが作成したレポートである。情報デザインの視点から添削をすることになった。

問1 修正する内容としてふさわしいものを次のア～カからすべて選び答えよ。

ア．グリッドレイアウトのしくみを利用して、整列させるとよい。

イ．（1）～（4）の小見出しを視認性の高いゴシック体にするとよい。

ウ．関連のある文章と図をグループ化するとよい。

エ．読みやすくするために、ホワイトスペースを意識するとよい。

オ．文章をすべて中央ぞろえにするとよい。

カ．1行の文字数を適度に減らし、読みやすくするとよい。

問2 A には、「（4）スマホのOS」についての図がはいる。ふさわしいものを次のア～ウから選べ。

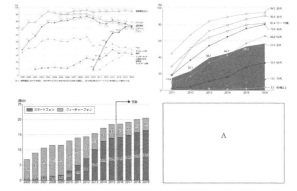

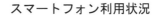

ア
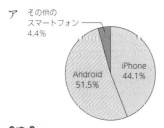

イ
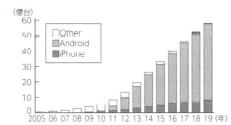

ウ

iPhone	44.1%
Android	51.5%
Other	4.4%

ヒント
96 問1 動画を構成する画像の1つ1つをフレームという。
98 問2 レポートの内容から、ここでは調査時点での割合を強調したいことが読み取れる。

次の表の( )に入れるべき適切な語句を、ア～エから選べ。

コミュニケーションの種類	例
言語の使用以前のコミュニケーション	ラスコーの洞窟壁画など
文字の誕生とコミュニケーション	くさび形文字、ヒエログリフ、甲骨文字など
人類最初の情報流通量の拡大とコミュニケーション	( )
高度情報通信社会のコミュニケーション	SNS(ソーシャルネットワーキングサービス)など

ア．ラジオ　　イ．テレビ　　ウ．印刷技術　　エ．電話　　　　　　　(情報デザイン試験初級サンプル問題　改)

知識
100 情報デザイン ……難易度 ★☆☆

次の文を読み、空欄に入れるのに**最も不適切なもの**を、ア～エから選べ。

近年、交通機関の発達により人々の行動範囲が広がったことや、言語や習慣の異なる人々が交流する機会が増えたことで、情報を文字や言語に頼らず伝達する必要性が増えている。チャートやグラフは、インフォメーショングラフィックスの1つであり、ことばや文字だけの情報をわかりやすく整理して、図案化する手法である。これには( )などのメリットがある。

ア．大量の情報を詳細に伝えられる　　　　イ．情報をすばやく直感的に伝えられる
ウ．情報を視覚的に理解しやすい伝え方ができる　　エ．印象に残りやすい

(情報デザイン試験初級サンプル問題　改)

知識 思考
101 情報デザイン ……難易度 ★☆☆

右の図はドーナツ店のメニューである。情報の要素を効果的に表現するために、レイアウトの基本となる考えとして、コントラスト・整列・反復・近接がある。ドーナツの写真のレイアウトに**使われていない手法として最も適切なもの**をア～エから選べ。

ア．対比　　イ．整列　　ウ．反復　　エ．近接

(情報デザイン試験初級サンプル問題　改)

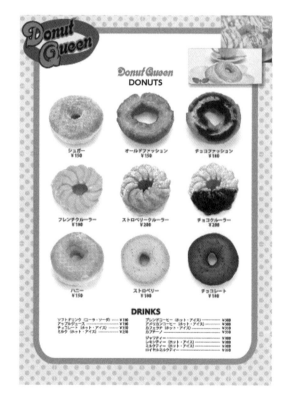

ヒント
101 p.48 3② 「デザインの原則」で確認してみよう。

☑ セルフチェックシート ···

第2章 コミュニケーションと情報デザイン

節	目標	関連問題	チェック
1	アナログとデジタルの違いについて説明できる。	46	
	データ量の単位を知っている。	47・48	
	データ量の簡単な計算ができる。	49・58	
	ビット数とあらわせる値の関係を理解している。	50・57	
	2進法、10進法、16進法の基数変換ができる。	51・52・90	
	2進法、10進法、16進法以外の基数変換ができる。	59	
	2の補数表現を理解している。	53・61・90	
	2進法での小数の扱いを理解している。	54・60・61・91	
	計算に誤差が生じる理由を理解している。	55・62	
	浮動小数点数表現を理解している。	56・91	
2	文字コードがどういうものか理解している。	63・93	
	文字コード表を利用して、文字コードと文字とを変換できる。	64・92	
	文字化けという現象を理解している。	74	
	音など波形のデジタル化の過程を理解している。	65・66・94	
	音のデジタル化における標本化定理を知っている。	67・68	
	光の3原色、色の3原色を知っている。	69・70	
	RGB以外の色情報の表現形式があることを理解している。	75	
	アスペクト比が何をあらわしているかわかる。	76	
	デジタル化された音のデータ量を計算で求められる。	77・78・79	
	デジタル化された画像のデータ量を計算で求められる。	71・96	
	動画のしくみを理解している。	72	
	ファイルの考え方がわかる。	97	
	圧縮の考え方がわかる。	80・82・95	
	ランレングス圧縮のしくみがわかる。	73・81	
3	コミュニケーションの歴史に関係する語がわかる。	99	
	ユニバーサルデザインの考え方を理解している。	83	
	アクセシビリティの考え方を理解している。	84	
	わかりやすい表現の考え方を理解している。	85・86・98	
	わかりやすい表現方法を具体的に考えることができる。	87・88・89・100・101	

※赤の問題番号は、章末問題。

第2章 デジタル化と情報デザイン

プログラミングを使うと簡単に解ける!?
～ 数学とプログラミング ～

1から100までの整数をすべて足すと、どうなるだろうか。1つひとつ計算するのは大変なので、コンピュータに任せてみよう。本当に簡単に解けるのだろうか?

◤ 1～100 の整数の合計を計算するプログラムの例

```
1.  goukei = 0
2.  kazu  を1から100まで1ずつ増やしながら繰り返す:
3.  └ goukei = goukei + kazu
4.  表示する(goukei)
```

プログラムとしてはたった4行で表現できる。2行目の数値を変えれば、1～1000までででも、1億まででも計算することができるようになる。どれだけ回数を増やしても、コンピュータは疲れることなく、正確に計算してくれる。

◤ 数列

「数学B」で学習する「数列」は、規則的に並んだ数の列である。たとえば1、3、5、7、9…のように一定の差(公差)で並んでいるものを「等差数列」という。1から100までの整数は、初項(数列の最初の値)1、公差1、項数(数列を構成する数の個数)100 の等差数列とみなせる。等差数列の和は(最初の数＋最後の数)×数列の個数× 1/2 で求めることができる。

```
1.  goukei = ( 1 + 100 ) * 100 * 1 / 2
2.  表示する(goukei)
```

プログラムにすると2行で表現できる。先ほどのプログラムと大差ないように見えるが、1から1億までの足し算をある環境で実行してみたところ、繰り返しを使ったプログラムでは13秒、数列の和の公式を使用したものでは 0.008 秒かかった。その差は約 1,600 倍である。

いくらコンピュータが疲れないからといっても、これだけの差が出るのだから、公式を使用した方が短時間ですむので、コンピュータにも優しい。

円周率とシミュレーションとプログラミング

3.14…で知られる円周率のπは無理数であり、小数部分は無限に続く。紀元前から円周率の近似値を求めるために多くの研究者が計算方法を考え計算してきた。手計算では小数第 1,157 位まで求められており、以降は計算機(コンピュータ)を使い飛躍的に桁数を増やしてきた。2000 年頃には約 2,000 億桁程度であったが、近年はコンピュータの発達で毎年のように更新され、2022 年には約 100 兆桁まで計算されているとされる。円周率の桁数合戦はコンピュータの性能向上の証であり、技術者・科学者のロマンでもあるのかもしれない。

■ モンテカルロ法

シミュレーション時に乱数を用いて、確率的なことがらの推定値を求める方法を**モンテカルロ法**（➡ p.82 参照）という。たとえばサイコロの場合、1 から 6 のランダムな整数を大量に発生させる。そのときに 1 が出る確率は「1 が出た回数」÷「全試行回数」で求められる。モンテカルロ法は、一般に試行回数が多くなるほど精度が上がる（下の例のように、10 回から 100 回に増やした程度では、逆に真の値から遠ざかることもある）。

試行回数	1 が出る確率
10	0.2
100	0.24
1000	0.153
10000	0.1639
100000	0.16879
1000000	0.166457
10000000	0.1666585
100000000	0.16674403

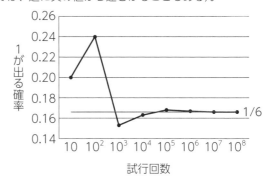

■ モンテカルロ法で円周率を求める

円周率の近似値をモンテカルロ法の確率で求めてみよう。まず、1 辺の長さが 2 の正方形と半径が 1 の円を用意する。中心の座標は（0，0）である。正方形の面積は 2×2＝4、円の面積は 1×1×π＝π である。正方形の中にランダムに点を描いていくと、円のなかに点が描かれる確率は面積比に等しく π÷4＝π／4 になる。

計算をしやすくするため、この図を 4 分の 1 にカットし、正の部分のみで考える。この場合でも点が円のなかに描かれる確率は π／4 のままである。

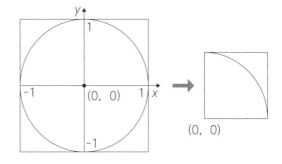

（x，y）の場所に描かれた点が円のなかに入るかどうかは、原点からの距離を求めて調べる。原点からの距離 r は、三平方の定理から次のような関係がある。

$$r^2 = x^2 + y^2$$

原点から円までの距離は 1 であるので、$x^2 + y^2$ が 1^2（つまり、1）より小さければ円のなかに入ることになる。

「円のなかに点が描かれる確率」＝π／4 であることから、
π＝「円のなかに点が描かれる回数」÷「試行回数」×4 で計算できる。

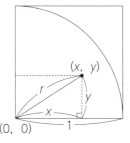

10000 回点を描いて π を求めるプログラム

```
(1)   count = 0
(2)   test を 1 から 10000 まで 1 ずつ増やしながら繰り返す：
(3)   │   x = 乱数( )      #0 以上 1 未満のランダムな小数を x に代入する
(4)   │   y = 乱数( )
(5)   │   もし x ** 2 + y ** 2 < 1 ならば：
(6)   │   └  count = count + 1
(7)   pai = count / test * 4
(8)   表示する ( pai )
```

何回試行すれば正しい円周率（3.14……）に近づくか試してみよう。

情報の学習に確率は必要!?

特集

~ 確率と情報 ~

　情報Ⅰの学習の目的は、情報科学的な考え方や見方を活用して、身の回りのさまざまな問題(日常的な問題、社会問題、地球規模の問題まで含む)の解決をめざすことである。身の回りの現象を観察し、データとして記録・蓄積していくと、データの集合にある種の傾向が見えてくることがある。この傾向をより詳細に分析して、現象の本質を観察するのが統計学である。また、精度の高い統計的な分析ができれば、問題や現象が将来どのように発生あるいは変化するかについてシミュレーションをして、予測することができるようになる。この予測に活用されるのが確率論であり、統計学と確率論をセットにして学ぶことで、信頼性の高い将来予測ができるようになり、より実用性の高い問題解決が可能になる。

◣ 確率の復習

　まず、確率の基本的な考え方について復習しよう。

(1)確率の定義

　ある事象(物事、現象)Aが起こる確率$P(A)$は、

$$P(A) = \frac{事象Aが起こる場合の数}{起こりうるすべての場合の数}$$

とあらわすことができる。

　1年のうちのある日付において天気が「晴れ」である確率を考えてみよう。東京における正午の天気を「晴れ」「曇り」「雨(雪、みぞれなどを含む)」の3つに分類・記録した過去30年分のデータから、11月3日に晴れだった回数が17回であることがわかったとする。この場合、東京で11月3日正午に晴れである確率は 17/30 ≒ 56.7% となる。

(2)確率の足し算(和事象)

①**重複がない場合**…ある事象Aと事象Bが、同時に起こることがない場合、事象Aと事象Bはたがいに排反であるという。たがいに排反である事象の確率は足し算で求めることができる。

　たとえば、2つ以上の天気が同じ地点で同時に観測されることはないので、東京で7月7日の正午に雨ではない天気である確率を求めるとき、雨以外の天気(晴れ・曇り)である確率の足し算をすればよい。

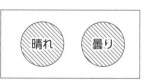

②**重複がある場合**…「天気が晴れ、または気温が25℃以上」のように、事象A(天気)と事象B(気温)が排反ではない(同時に起きることがある)場合、同時に起こる確率を、求める確率から引く必要がある。

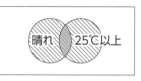

(3)確率の引き算(余事象)

　また、(2)-①でおこなった「ある地点、ある時刻で雨が降っていない確率」を求める場合、雨が降っていない天気の確率を足し算で求めるより、雨(雨が降っている)の確率を全体から引いたほうが、計算が効率的である。

■ 確率と情報

　情報の世界で確率が必要な場面は、シミュレーションの分野である。大量のデータを統計的な手法で分析して、その結果から将来どうなるのかを予測するときに、確率論の知識や見方が必要になる。

　数学の「確率」の単元では、確率をどう計算するかに重点を置くが、情報では、難しい計算はコンピュータやプログラム、表計算ソフトウェアが人間のかわりに実行するので、算出された確率をどのように解釈するかに重点を置くことになる。

＜確率の計算に便利なソフトウェア、プログラミング言語＞

(1) 表計算ソフトウェア（例：Microsoft Excel、Apple Numbers、Google Sheets など）

　　表形式に大量のデータを入力し、計算式や関数機能を用いて、簡単に確率を求めることができる。また、求めた確率をグラフ（確率分布）にすることもできるが、場合によってはグラフが作成できなかったり、計算の工夫が必要だったりする場合がある。

(2) R言語（アールげんご）

　　オープンソース（プログラムの中身が公開されている）・フリーウェア（無償で提供されている）の統計解析向けのプログラミング言語である。少ない手順で複雑なグラフに表現することが可能で、統計学や確率論の学習、さらには現実のさまざまな問題や研究においてデータの分析・予測をするときに利用されている。

(3) Python（パイソン）

　　こちらもオープンソース・フリーウェアのプログラミング言語で、確率・統計の分野のみならず、情報システムの構築、アプリの制作、ＡＩ開発など、多方面で利用されている。Python は、単独でプログラミングをおこなうだけでなく、「ライブラリ」を利用することにより追加機能が加わり、さまざまなプログラムを実現できる。

おもなライブラリ名（読み方）	機能
NumPy（ナムパイ）	確率や統計の処理・グラフ表示
Pandas（パンダス）	データ分析
matplotlib（マットプロットライブラリ）	グラフ描画

■ 確率分布

　確率を計算して、グラフで表現すると、一定の傾向（決まった形）が出現することがある。この形を確率分布といい、さまざまなパターンが知られている。複雑な現象を確率分布のパターンで判断するのは、情報科学をはじめ、自然科学、社会科学などの研究で定番の分析方法になっている。

＜確率分布の例＞

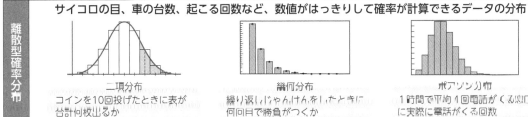

離散型確率分布

サイコロの目、車の台数、起こる回数など、数値がはっきりして確率が計算できるデータの分布

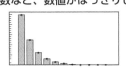
二項分布
コインを10回投げたときに表が合計何枚出るか

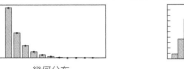
幾何分布
繰り返しじゃんけんをしたときに何回目で勝負がつくか

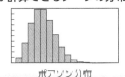
ポアソン分布
1時間で平均1回電話がくる窓口に実際に電話がくる回数

連続型確率分布

身長や時間、温度など、分布がなめらかな形になるデータの分布

指数分布
機械が故障してから、また故障するまでの間隔

ワイブル分布
機械や物体の寿命予測や故障率の計算に使う

正規分布
人間の身長など、ある範囲のデータが左右対称に集まる

1 コンピュータのしくみ

1 コンピュータの構成

コンピュータは、機械や装置であるハードウェアと、プログラムやデータからなるソフトウェアで構成される。

❶ハードウェア

(a)**入力装置**…コンピュータに情報を入力する装置。キーボードやスキャナなどがある。

(b)**出力装置**…コンピュータが情報を出力する装置。ディスプレイやプリンタなどがある。

(c)**記憶装置**…コンピュータが情報を蓄え、読み書きする装置。主記憶装置と補助記憶装置に分かれる。主記憶装置には DRAM、補助記憶装置にはハードディスクや SSD などがある。

(d)**演算装置**…コンピュータの内部で数値などの演算をおこなう装置。

(e)**制御装置**…演算装置などに処理の指令をおこなう装置。

CPU	DRAM	HDD (ハードディスクドライブ)	キーボード	ディスプレイ

演算装置 制御装置	主記憶装置 (メモリ)	補助記憶装置	入力装置	出力装置

- コンピュータのおもな構成要素のうち、補助記憶装置と入力装置、出力装置としては、目的に応じたさまざまな装置を接続する場合がある。これらを総じて周辺機器とよぶことがある。

  補助記憶装置の例：USB メモリ、SD カードなど

  入力装置の例　　：マウス、トラックパッド、タブレット、ペンなど

  出力装置の例　　：スピーカーなど

❷ソフトウェア

コンピュータが処理をおこなうための手順を示す役割を担うのがソフトウェアである。ソフトウェアにはオペレーティングシステム(OS)に代表される基本ソフトウェアと、それぞれの仕事をこなすためのアプリケーションソフトウェアがある。

- **オペレーティングシステム**…ソフトウェアとハードウェアの仲立ちをするプログラムである。具体的には、それぞれのソフトウェアが利用するファイル、メモリ、補助記憶装置、周辺機器などを管理し、アプリケーションソフトウェアによる装置の利用状況を管理して、全体の処理をスムーズに進める役割を果たしている。また，CPU が実行するソフトウェアを短時間でつぎつぎに切り替えることで，単一の CPU でも複数のソフトウェアが同時に実行されているように見せる役割も果たしている。

- **アプリケーションソフトウェア**…計算や文書作成、通信などの特定の目的を達成するためにつくられたソフトウェアで、応用ソフトウェアともよばれる。

- **API**…2つ以上のコンピュータプログラムが情報や指示をやりとりするときに用いる取り決めのことで、Application Programming Interface の頭文字をとって API とよばれる。

- **デバイスドライバ**…デバイスとは装置のことである。それぞれのデバイスごとの違いに応じてアクセスや制御の仕方を記述したソフトウェアのこと。通常は OS の一部とみなされる。

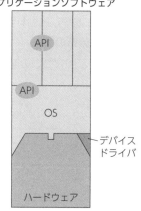

❷ コンピュータの処理

❶データの処理

コンピュータは与えられたプログラムに書かれた指示にしたがって、データを処理し、必要に応じて入力や出力をする。

❷コンピュータの処理速度

実際に処理をおこなう装置である CPU と、処理に必要な情報を一時的に記憶する主記憶装置の性能によって大きく左右される。また、ソフトウェアの書き方（アルゴリズム）によっても、ハードウェアの違いと同じか、それ以上に大きく速度が左右される場合もある。

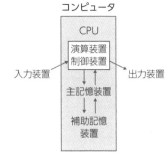

- **クロック信号**…コンピュータの回路全体が同期して動くための信号。クロック信号の周期が短いほど、コンピュータが一定の時間におこなえる処理が多くなるため、速度が速くなる傾向がある。

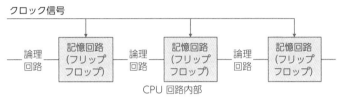

❸ 論理回路

❶論理演算

真（条件が成り立つ）と偽（条件が成り立たない）という 2 つの値を用いておこなう演算を論理演算という（→ p.69）。代表的な論理演算として論理積（AND）、論理和（OR）、否定（NOT）、排他的論理和（XOR）がある。

これらを組み合わせて回路を構成することで、入力された値に応じてさまざまな処理をおこなうことが可能になる。

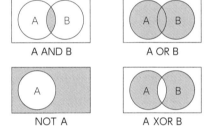

- **論理演算の考え方**…階段の上と下に照明のスイッチがある場合を考えよう。上のスイッチでも、下のスイッチでも、どちらでも照明のオン / オフをおこないたい。このようなとき、論理演算子でどのようにあらわせばよいだろうか。上下ともスイッチがオフの場合、照明はオフである。どちらか片方をオンにすれば、照明はオンになる。このとき、もう片方をオンにした場合、照明はオフにならなければならない。スイッチのオンを 1，オフを 0，照明のオンを 1，オフを 0 として状態を整理すると、右の表のようになる。これは p.64 に掲載している XOR の真理値表と同じである。したがってこの機能は、右図のように XOR ゲートを用いて構成することができる。

入力(input)		出力(output)
上のスイッチ	下のスイッチ	照明
0	0	0
1	0	1
0	1	1
1	1	0

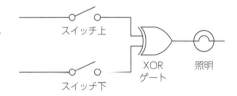

❷論理回路

論理演算を実行する回路を論理回路という。CPU やメモリ内の演算や制御の回路は、すべて基本となる 3 つの論理ゲートの組み合わせで設計することができる。入力された値と論理回路での演算によって出力された値をまとめた表を**真理値表**という。

- **AND ゲート**… 2 つの入力が同時にオンであるときのみ、出力がオンになるゲート。
- **OR ゲート**… 2 つの入力の少なくとも一方がオンであれば、出力がオンになるゲート。
- **NOT ゲート**… 1 つの入力の値を反転するゲート。
- **XOR ゲート**…基本ゲートではないが（上記 3 つのゲートから構成できるが）しばしば使われるゲート。

●AND ゲート		

入力　　　　　　出力

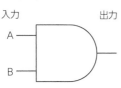

真理値表

入力		出力
A	B	
0	0	0
1	0	0
0	1	0
1	1	1

●OR ゲート

入力　　　　　　出力

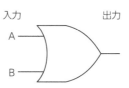

入力		出力
A	B	
0	0	0
1	0	1
0	1	1
1	1	1

●NOT ゲート

入力　　　　　　出力

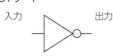

入力	出力
0	1
1	0

●XOR ゲート

入力　　　　　　出力

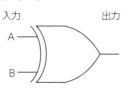

入力		出力
A	B	
0	0	0
1	0	1
0	1	1
1	1	0

●回路図…基本の3つのゲートを組み合わせることで、任意の回路を構成することができる。1つ1つのゲートの動作は単純だが、組み合わせることで複雑な動作をする回路を構成できる。たとえば XOR ゲートを AND、OR、NOT の3つの基本ゲートで構成してみると右のようになる。

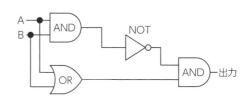

❸加算器（加算回路）

加算はコンピュータの基本的な動作の1つであるが、これも3つの基本ゲートを組み合わせることで実現できる。加算器には半加算器と全加算器の2種類がある。

(a)**半加算器**…2つの入力をとり、それをそれぞれ1桁の2進法の値として考え、その和Sと、桁上がりの出力Cを出力する。真理値表は下のようになる。

このとき、出力CはAとBのANDに、出力SはAとBのXORになっている。上記で示したXORの回路を使うと右図のようになる。

入力		途中の値			出力	
A	B	X	Y	Z	C	S
0	0	0	1	0	0	0
1	0	0	1	1	0	1
0	1	0	1	1	0	1
1	1	1	0	1	1	0

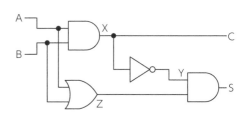

(b)**全加算器**…2つの入力A、Bに加えて、下位の桁からの繰り上がり C' の3つの入力をとり、入力の和Sと、桁上がりCを出力する。半加算器を2つ使って構成できる。

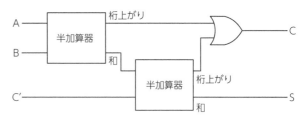

次の文中の空欄に適切な語句や数値を答えよ。

1 コンピュータを構成する 5 つの装置のうち、[ア] 装置はコンピュータの内部で数値などの [ア] をおこなう装置で、[イ] 装置は処理の指令をおこなう装置である。

2 コンピュータを構成する記憶装置には、DRAM を使った [ウ] 装置とハードディスクや SSD などを利用した [エ] 装置がある。

3 コンピュータを構成する 5 つの装置のうち、プリンタは [オ] 装置の例、キーボードは [カ] 装置の例である。

4 基本ソフトウェアのうち [キ] は、ソフトウェアとハードウェアの仲立ちをする。

5 応用ソフトウェアともよばれる [ク] は、計算や文書作成、通信などの特定の目的を達成するためにつくられたソフトウェアのことである。

6 それぞれのデバイス（装置）ごとの違いに応じてアクセスや制御の仕方を記述したソフトウェアは [ケ] とよばれる。

7 コンピュータの処理速度は、ハードウェアの性能だけでなく、[コ] の書き方によっても大きく左右される場合がある。

8 コンピュータの回路全体が同期して動くための鍵となる信号である [サ] 信号の周期が短いほど、コンピュータが一定の時間におこなえる処理が多くなり、速度が [シ] くなる傾向がある。

9 基本になる論理ゲートは、3 つある。そのうち、2 つの入力が同時にオンであるときのみ出力がオンになるのは [ス] ゲート、2 つの入力の少なくとも一方がオンであれば出力がオンになるのは [セ] ゲート、1 つの入力の値を反転するのは [ソ] ゲートである。

10 論理回路で、入力された値と演算によって出力された値をまとめた表を真理値表という。次に示す基本ゲートの真理値表の空欄を埋めよ。

入力		出力
A	B	
0	0	タ
1	0	0
0	1	0
1	1	1

入力		出力
A	B	
0	0	0
1	0	1
0	1	1
1	1	チ

入力	出力
A	
0	1
1	ツ

プロセスの解答

1 ア. 演算　イ. 制御　**2** ウ. 主記憶　エ. 補助記憶　**3** オ. 出力　カ. 入力　**4** キ. オペレーティングシステム（または OS）　**5** ク. アプリケーションソフトウェア　**6** ケ. デバイスドライバ　**7** コ. ソフトウェア　**8** サ. クロック　シ. 速　**9** ス. AND　セ. OR　ソ. NOT　**10** タ. 0　チ. 1　ツ. 0

102 5大装置 次の文章はコンピュータの5つの装置について説明したものである。空欄にあてはまる語句を解答群から選び、記号で答えよ。(5)(6)にはあてはまるものをすべて選べ。

演算装置は与えられた値に対して(1)や減算などの処理をする装置で、制御装置は各装置に(2)を送ってそれらを制御する。記憶装置は、演算の結果を(3)に主記憶装置に保存したり、電源を切っても結果が消えないよう補助記憶装置に(4)に保存したりする装置である。コンピュータに演算のためのデータなどを与える入力装置には(5)があり、演算の結果などを取り出す出力装置には(6)がある。

【解答群】 ア. 試験的 イ. 一時的 ウ. 恒久的 エ. キーボード オ. ディスプレイ カ. 信号
キ. マウス ク. プリンタ ケ. 証拠 コ. 加算 サ. 筆算

103 コンピュータの処理速度 クロック周波数が2GHzのCPU「A」と、3GHzのCPU「B」があるとする。AとBはクロック周波数以外はまったく同一のものとする。Aの1命令あたりの平均所要時間はBの何倍か答えよ。

104 論理回路 次の図(1)~(3)があらわす出力をする回路図を記号で選べ。

(1)   (2)   (3)

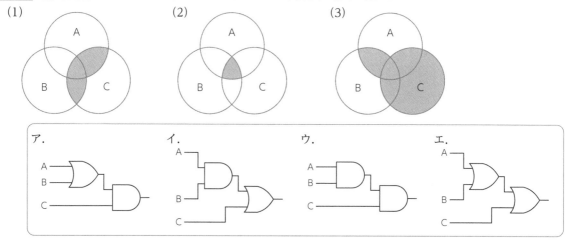

105 論理回路と真理値表 次の真理値表は、右に示した回路の入出力を示している。真理値表の空欄を埋めよ。

入力			出力
A	B	C	
0	0	0	0
0	0	1	0
0	1	0	(1)
0	1	1	1
1	0	0	0
1	0	1	0
1	1	0	(2)
1	1	1	0

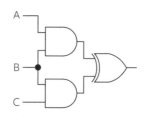

発展問題

知識 思考
106 コンピュータの構成 ……難易度 ★★★

次の会話文を読んで、問いに答えよ。

花子さん：コンピュータに主記憶装置と補助記憶装置の2種類があるのはなぜですか？

先生：役割が異なるんだよ。主記憶装置は高速に読み書きできるかわりに、電源を切ると内容が消えてしまうんだ。

花子さん：補助記憶装置は、高速に読み書きできないかわりに、電源を切っても内容が消えないということですか？

先生：ご名答。特性が反対なので、組み合わせて使うんだ。

花子さん：つまりワープロソフトを使っているときに内容が保持されている記憶装置と、保存ボタンを押したときに内容が保存される記憶装置は異なるってことなんですね。保存ボタンを押し忘れて内容が消えてしまって、何度も悔しい思いをしたことがあって……。これで理由がわかりました。

ワープロソフトを使っているときに内容が保持されている記憶装置(1)と、保存ボタンを押したときに内容が保存される記憶装置(2)の組み合わせとして正しいものを選べ。

ア．（1）主記憶装置　（2）補助記憶装置　　イ．（1）補助記憶装置　（2）主記憶装置
ウ．（1）主記憶装置　（2）主記憶装置　　　エ．（1）補助記憶装置　（2）補助記憶装置

知識 思考
107 論理回路 ……難易度 ★★★

自習室の3つの席A～Cのうち、1つでも空席があったら自習室の外に「空」と表示したい。

(1) 下の真理値表を完成させよ。席が使われていたら1、空いていれば0とし、「空」表示ありは1、なしは0とする。

(2) この真理値表を満たす回路図を書け。

真理値表

A席	B席	C席	「空」表示

回路図

思考
108 論理回路の考え方 ……難易度 ★★☆

A、B、C、Dの4人で多数決を取る装置をつくりたい。4人がボタンを1つずつ持ち、賛成ならボタンを押す。ボタンを押した人数が3人以上なら「成立」ランプがつくとする。ボタンを押していない場合を0、押した場合を1、「成立」ランプが点灯していない場合を0、点灯した場合を1とすると、左上に0がはいっているのは、A、Bが2人ともボタンを押しておらず、C、Dも2人ともボタンを押していなくてランプが点灯しないことをあらわしている。表を完成させよ。

計算
109 コンピュータの処理速度 ……難易度 ★★☆

クロック周波数1.2GHzのCPU「A」と、クロック周波数3GHzのCPU「B」がある。Aは平均して1クロックあたり0.9命令を、Bは0.6命令を実行することができる。平均的に実行速度が速いのはどちらのCPUか答えよ。

ヒント
107 （2）2つのANDゲートと1つのNOTゲートで構成できる。

2 アルゴリズムとプログラミング

1 アルゴリズム

❶アルゴリズム

ある問題の解決のための処理手順。どんな処理をどんな順序で実行していくのかをあらわす。アルゴリズムを表現する方法にはフローチャートや**アクティビティ図**、プログラムなどがある。

❷アルゴリズムを表現する方法

(a)**フローチャート**…プログラムの流れを図として表現したものの１つ

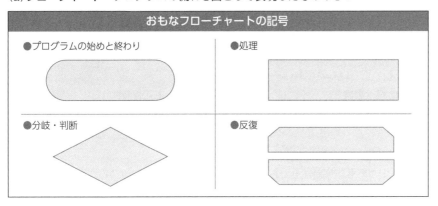

おもなフローチャートの記号

●プログラムの始めと終わり ●処理

●分岐・判断 ●反復

フローチャートの例

(b)**疑似コード**

　人間の話す言語を、プログラミング言語の構文にあてはめて記述したもの。本書では大学入学共通テストで使われる疑似コードを用いる。　(大学入試センター「令和7年度試験の問題作成の方向性、試作問題等」内の「情報」の概要を参照)

❸プログラム

アルゴリズムをコンピュータに実行させるための命令の集まり

●**プログラミング**…プログラムを作成すること。

●**プログラミング言語**…いろいろなプログラミング言語が使われており、それぞれ命令の表記方法のルールに違いがある。また、得意とする処理も異なるため、目的に合わせて選択する必要がある。

2 プログラミングの基礎

❶変数…数や文字列などを入れておく箱のようなもの。本書で扱う擬似コードでは、変数名は英字で始まる英数字と「＿」の並びとする。

❷配列…変数を1列に並べたデータ構造。本書で扱う擬似コードでは、配列名の先頭文字は大文字英字とする。

●大量のデータを扱うときや、複数のデータを使って次々に読みこんで繰り返すときに使われる。

●要素は添字により識別される。たとえば、配列 Data のなかに4つのデータを格納する場合、添字は 0 ～ 3 であらわされ、順に Data[0]、Data[1]、Data[2]、Data[3] の4つにそれぞれデータを入れておくことができる。

●変数のイメージ図

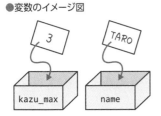

●配列のイメージ図

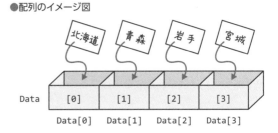

❸代入

変数や配列に数や文字列などを入れること。

- 代入には = を使用し、左辺に右辺を代入する。
- 変数や配列の要素には1つのデータしか入れることができない。たとえば、変数 kazu に 3 を入れた状態であらたに5を入れると、変数 kazu のなかにあった3は消えて、5に上書きされる。
- x=5 は、変数 x に 5 を入れるということ。複数の代入をカンマで区切り、横に並べることもある。

変数 kazu に整数 3 を代入
kazu = 3

変数 kazu に整数 3 を代入したあと、5 を代入
kazu = 3 , kazu = 5

配列への代入は Data[0]= 7、Data[1]= 9 のように1つずつ入れることもできるが、Data=[1, 3, 5, 7, 9] のようにすると、一度に代入することが可能である。

配列 Data の Data[0] ～ Data[4] に
整数 1,3,5,7,9 をそれぞれ代入
Data = [1,3,5,7,9]

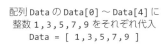

[0]　　[1]　　[2]　　[3]　　[4]

❹演算

計算をおこなうこと。算術演算・比較演算・論理演算がある。数学とは違う意味で用いられる記号もあるので注意する。（本書で扱う演算子は、大学入試センター「令和7年度試験の問題作成の方向性、試作問題等」内の「情報」の概要を参照）

(a)算術演算子

記号	意味	記号	意味
+	加算(足し算)・連結	%	剰余(割り算の余り)
-	減算(引き算)	÷	商(整数の割り算)
*	乗算(かけ算)	**	べき乗
/	除算(割り算)		

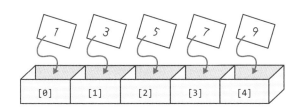

- 10 % 3 は 10 ÷ 3 の余りである。
  したがって、計算結果は1となる。
- 10 ÷ 3 は整数の割り算の商である。
  したがって、計算結果は3となる。
- 3**4 は 3^4(3の4乗)である。
  したがって、計算結果は81となる。

＋、−より＊、／が先に計算されるため、（　）で式をくくることができる。

(b)比較演算子

記号	意味
==	両辺が等しい
!=	等号否定(両辺が等しくない)
>、<	より大きい、より小さい
>=、<=	以上、以下

(c)論理演算子

記号	意味
and	論理積(かつ)
or	論理和(または)
not	否定(ではない)

比較演算子・論理演算子の使用例

もし a+b>c and a+c>b and b+c>a ならば:
　表示する(" 三角形である ")

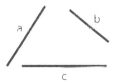

(もし二辺の長さの和が残りの一辺の長さより長いならば「三角形である」と表示する)

3 プログラムの制御構造

プログラムは基本的に上から下に流れて処理を実行するが、必要に応じて流れを変える制御をおこなう。基本になる制御構造は、3パターンある。

❶順次構造

プログラム中の文を順番に処理していく構造

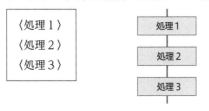

プログラム例

変数 kekka に 5×8 を代入し、表示する

(1) kekka = 5*8

(2) 表示する(kekka)　　40 と表示される

プログラム例

変数 a と b のデータを入れかえる

(1) c = b , b = a , a = c

※ a = b , b = a　ではどちらも同じ値になってしまう

❷選択(条件分岐)構造

条件によって処理を分けておこなう構造

●条件が成り立つときだけ処理を実行する。

プログラム例

点数を入力し、70 以上なら「合格」と表示する

(1) tensu =【外部からの入力】

(2) もし tensu >= 70 ならば:

(3) 　 表示する(" 合格 ")

●条件が成り立つときは処理1を、それ以外のときは処理2を実行する。

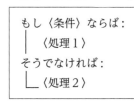

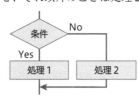

プログラム例

点数を入力し、70 以上なら「合格」と表示し、それ以外は「不合格」と表示する

(1) tensu =【外部からの入力】

(2) もし tensu >= 70 ならば:

(3) 　 表示する(" 合格 ")

(4) そうでなければ:

(5) 　 表示する(" 不合格 ")

❸反復(繰り返し)構造

条件によって同じ処理を何度も繰り返し実行する構造

●変数の値を変化させながら処理を繰り返し実行する。

繰り返しに使用する変数は i が一般的である。プログラムを実行するたびにリセットするための初期値を指定する。

プログラム例

5人分のテストの点数の平均を求め表示する

(1) Tensu = [68,37,91,46,27]

(2) goukei = 0　　goukei のリセット

(3) i を 0 から 4 まで 1 ずつ増やしながら繰り返す:

(4) 　 goukei = goukei + Tensu[i]

(5) 表示する (goukei/5)

●条件を満たしている間処理を繰り返し実行する。

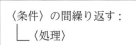

〈条件〉の間繰り返す：
  └ 〈処理〉

条件

処理
（条件を満たしている間）

繰り返し終わり

プログラム例

735 円はいっている貯金箱に毎日 50 円ずつ貯金していき貯金額が 3000 円以上になるまでの日数を表示する。

(1) tyokin = 735
(2) nissu = 0
(3) tyokin < 3000 の間繰り返す :
(4)   nissu = nissu + 1
(5)   tyokin = tyokin + 50
(6) 表示する (nissu)

❹入れ子構造

選択構造や反復構造の制御文のなかに、さらに選択構造・反復構造の制御文を含めることができる。そのような構造を**入れ子**や**ネスト**などとよぶ。

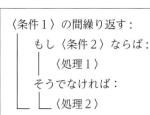

〈条件 1〉の間繰り返す :
  └ もし〈条件 2〉ならば :
    │ 〈処理 1〉
    そうでなければ :
    └ 〈処理 2〉

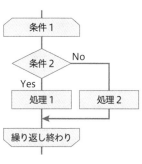

条件 1

条件 2 ── No
Yes

処理 1   処理 2

繰り返し終わり

プログラム例

数あてゲーム：数を入力して、答えと一致したら勝ち。入力チャンスは 3 回。

(1) kotae = 37 , x = 1
(2) x <= 3 and kazu != kotae の間繰り返す :
(3)   kazu =【外部からの入力】
(4)   もし kazu == kotae ならば :
(5)   表示する (" 正解！ ")
(6)   そうでなければ :
(7)   表示する (" 残念 ")
(8)   └ x = x + 1
(9) 表示する (" 終了 ")

4 関数

関数は、一連の処理の集まりである。入力されたデータを処理し、結果を出力する装置のようなもの。関数を使うとプログラムをシンプルに、短くまとめることができる。

❶**引数**…関数に与える値のこと
❷**戻り値**…関数が処理した結果の値のこと
※引数や戻り値がない関数もある。
●引数が 1 つだけの関数

プログラム例

男子 4 人女子 3 人を 1 列に並べる。男女交互になる並べ方は何通りになるか求めて表示する。

階乗(数値)…引数として数値が与えられ、数値の階乗を返す関数。
例：引数 3 の場合、階乗は 3 × 2 × 1 ＝ 6 になるので、階乗(3)の値は 6 となる。

(1) danshi = 階乗 (4)
(2) joshi = 階乗 (3)
(3) way = danshi * joshi
(4) 表示する (way)

関数のイメージ図

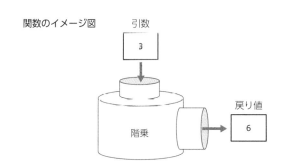

引数
3

戻り値
6

階乗

次の文章および表の空欄にあてはまる語句や値を答えよ。

1 ある問題の解決のための処理手順を ア といい、その手順をコンピュータにおこなわせるための命令の集まりが イ である。 イ を作成することを ウ という。

2 エ は数や文字列などを入れておく箱のような役割である。たとえば大量のデータを扱うときや、連続してデータを読みこむときは エ を並べたデータ構造である オ のほうが扱いやすい。 オ の要素は カ によって識別される。本書で扱う擬似コードでは、要素の最初の カ は キ であり、n 個のデータを格納する場合、要素の最後の カ は ク になる。

3 下の(1)～(5)のプログラムをそれぞれ実行する。

(1)
```
(1) a = 3
(2) a = 5
(3) 表示する ( a )
```

(2)
```
(1) Data = [ 2, 6, 4]
(2) 表示する ( Data[1] )
```

(3)
```
(1) x = 6
(2) y = 3
(3) z = x / y
(4) 表示する( z )
```

(4)
```
(1) b = 7
(2) c = 3
(3) d = b * ( c + 3 ) + 8
(4) 表示する ( d )
```

(5)
```
(1) e = 3
(2) f = 2
(3) g = f ** e
(4) 表示する ( "kotae:",g )
```

(1)のプログラムを実行すると、 ケ と表示される。
(2)のプログラムを実行すると、 コ と表示される。
(3)のプログラムを実行すると、 サ と表示される。
(4)のプログラムを実行すると、 シ と表示される。
(5)のプログラムを実行すると、 ス と表示される。

4 セ はプログラムの流れを図表化したものの1つであり、下表のような記号がある。
● セ の記号

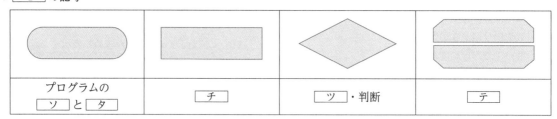

プログラムの ソ と タ	チ	ツ ・判断	テ

5 プログラムの基本になる制御(せいぎょ)構造は3つある。

[ト] 構造	[ナ] 構造	[ニ] 構造
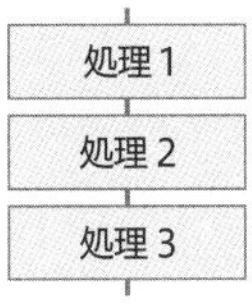処理1 処理2 処理3	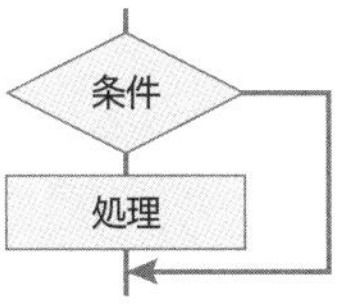条件 処理	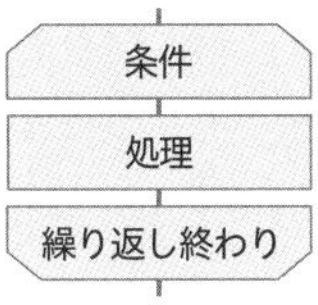条件 処理 繰り返し終わり

6 年度末の生徒情報の書き換え処理(1)～(4)を、適切な手順に並べかえて図表化すると、次のようになる。

(1) 1年生のデータを2年生に更新する。
(2) 2年生のデータを3年生に更新する。
(3) 3年生のデータを削除する。
(4) 新入生のデータを1年生に登録する。

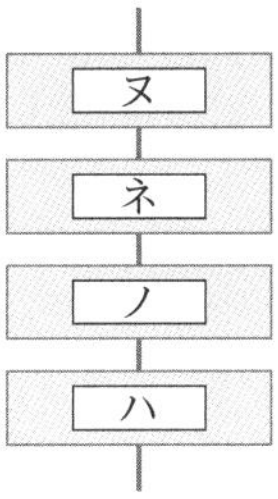

ヌ
ネ
ノ
ハ

7 右図は、年齢によって距離が異なるマラソン大会の走行距離を判定するしくみをあらわしたものである。この場合、25歳の人は[ヒ]、10歳の人は[フ]と判定される。

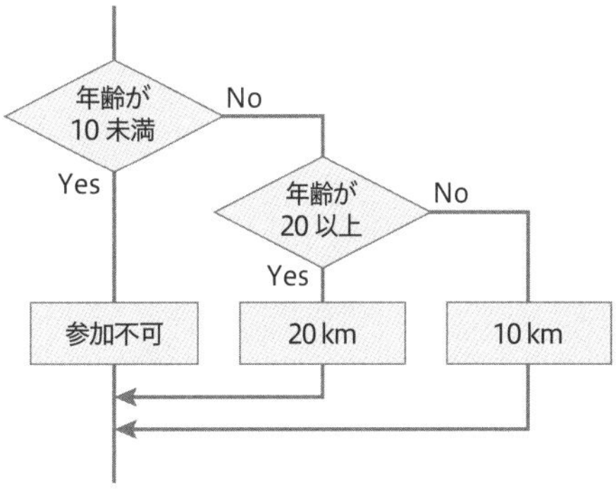

年齢が10未満
No
Yes
年齢が20以上
No
Yes
参加不可
20 km
10 km

8 配列 Data 内の数値をすべて合計し表示するプログラムを作成した。

```
(1) Data = [3,6,4,2,9,3,1,7,6,9]
(2) goukei = [ヘ]
(3) i を[ホ]から[マ]まで1ずつ増やしながら繰り返す：
(4) └ goukei = [ミ]
(5) 表示する(goukei)
```

9 一連の処理の集まりである[ム]を使用すると、プログラムが単純になるうえ簡潔にできる。[ム]に[メ]を与えると、結果として[モ]が返される。

プロセスの解答

5 ト. 順次 ナ. 選択 ニ. 反復 **6** ヌ. (3) ネ. (2) ノ. (1) ハ. (4) **7** ヒ. 20km フ. 10km **8** ヘ. 0 ホ. 0 マ. 9 ミ. goukei+Data[i] **9** ム. 関数 メ. 引数(ひきすう) モ. 戻り値(もどりち)

例題 ⑭ プログラミングの基礎

次の文章の空所にはいる語句を答えよ。

プログラムでデータを扱うときには、数や文字列を入れておく箱のようなものである ア を使う。大量の
データを扱うときには複数の ア を1つにまとめた イ を使用する。 イ の要素は0から始まる ウ
で識別する。 ア と イ のなかにどのような型の値を入れるかの宣言が必要なプログラミング言語もある。

考え方

プログラムをつくるとき、処理を簡単にするためやプログラムを修正しやすくするために変数や
配列に数値や文字列を入れておき、変数名や配列名に置き換えて取り扱う。配列は複数の変数を
1つにまとめたデータ構造で、0から始まる添字をつけてデータの場所を指定する。特に、繰り
返し同じような処理をおこなうときに配列を使うと効率がよい。
配列への代入、Data[0] = 3, Data[1] = 18, Data[2] = 29, Data[3] = 33, Data[4] =
48 は Data = [3, 18, 29, 33, 48] と書き換えることができる。

解答

ア. 変数
イ. 配列
ウ. 添字

例題 ⑮ プログラムの制御構造（せいぎょ）

➡ 基本問題 110・111・112

次の文章の空所にはいる語句を答えよ。

プログラムの命令を上から順に実行していく最も基本的な構造を ア 構造という。条件によって処理を分
けて実行する構造は イ 構造という。また、条件によって同じ処理を何度も繰り返し実行する構造を
ウ 構造といい、繰り返す回数を指定したり、条件を満たしている間繰り返すなどさまざまなパターンがある。
イ 構造や ウ 構造のなかにさらに イ 構造・ ウ 構造を入れる エ 構造を使用すれば、複雑な
処理を実行できる。

考え方

プログラムの制御構造はおもに順次構造、選択(条件分岐)構造、反復(繰り返し)構造の3つで構
成される。選択構造や反復構造はその構造のなかにさらに選択構造・反復構造を入れる入れ子構
造にできることもあわせて押さえておきたい。

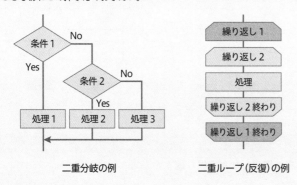

二重分岐の例　　　　二重ループ(反復)の例

解答

ア. 順次
イ. 選択(条件分岐)
ウ. 反復(繰り返し)
エ. 入れ子

例題 ⑯ 算術演算子

➡ 基本問題 110

次のプログラムを実行すると表示される数値を答えよ。

(1) a = 5 , b = 3
(2) c = a + b * a
(3) 表示する (c)

考え方

a、b、c は変数である。(1)a に 5、b に 3 を代入する、(2)c に a + b * a の計算結果を代入する、
(3)c にはいっている値を表示する、の順に実行していくと、表示されるのは 5 + 3 × 5 で 20
となる。プログラムにおいても四則演算の順序は数学と同じで、足し算よりもかけ算のほうを先
に計算する。また、( )がついた計算は最優先して実行する。

解答

20

例題 ⑰　選択（条件分岐）構造　　　　　　　　　　→ 基本問題 111

次のプログラムを実行すると表示されるアルファベットを答えよ。

(1) x = 4

(2) もし x >= 5 ならば：

(3) │　表示する ("A")

(4) そうでなくもし x >= 3 ならば：

(5) │　表示する ("B")

(6) そうでなければ：

(7) └　表示する ("C")

考え方

xの値によって3つに分岐するプログラムである。xが5以上ならA、それ以外でxが3以上ならB、それ以外ならCを表示する。xには4が代入されており、5以上ではなく3以上なのでBが表示される。

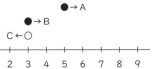

複数の条件がある場合は数直線であらわすと考えやすい。

解答

B

例題 ⑱　反復（繰り返し）構造　　　　　　　　　　→ 基本問題 112

次のプログラムを実行すると表示される数値を答えよ。

(1) a = 1

(2) i を 1 から 5 まで 1 ずつ増やしながら繰り返す：

(3) └ a = a * 2

(4) a = a + 5

(5) 表示する (a)

考え方

a = a * 2 を5回繰り返すプログラムである。aの初期値は1で、繰り返しの1回目で1 * 2の2がaに代入される。2回目以降は2 * 2で4、4 * 2で8、8 * 2で16、16 * 2で32となり、(4)では繰り返しが終了しaに32 + 5が代入される。表示されるのは37となる。繰り返し構造ではこのように回数を指定して繰り返される場合と、条件を満たしている間実行されるものがある。

解答

37

例題 ⑲　関数　　　　　　　　　　→ 基本問題 113

3つの整数を引数として与えると、最大値を戻り値として返す関数≪最大値 (数値1, 数値2, 数値3)……引数として「数値1」～「数値3」が与えられ、その最大値を返す≫がある。次のプログラムを実行すると表示される数値を答えよ。

(1) a = 最大値 (4, 2, 7)

(2) b = 最大値 (5, 8, 9)

(3) 表示する (a + b)

考え方

(1)ではaには4、2、7の最大値として7が代入される。(2)ではbには5、8、9の最大値として9が代入される。(3)ではa + bが表示されるので7 + 9で16が表示される。関数を使用することによって、プログラムをシンプルに表現することができる。関数は、引数が1つとは限らない。関数の使い方が問題文に書かれている場合、よく理解してから解答しよう。

解答

16

知識 ➡ 例題⑮・⑯
110 順次構造 体重と身長を入力したら BMI(肥満度をあらわす値)が表示されるプログラムを考える。 a に
あてはまる処理を答えよ。なお、BMI は体重(kg)÷身長(m)^2 で求めることができる。

(1) taiju =【外部からの入力】

(2) shincho =【外部からの入力】

(3) bmi = a

(4) 表示する (bmi)

知識 ➡ 例題⑮・⑰
111 選択(条件分岐)構造 二次方程式 $ax^2+bx+c = 0$ の解の有無を調べるプログラムを考える。 d にあて
はまる処理を答えよ。ただし、$b^2 - 4ac$ が 0 未満のときは解がなく、そうでないときは解があるものとする。

(1) a =【外部からの入力】

(2) b =【外部からの入力】

(3) c =【外部からの入力】

(4) もし d ならば:

(5) ┃ 表示する ("解なし")

(6) そうでなければ:

(7) ┗ 表示する ("解あり")

思考 ➡ 例題⑮・⑱
112 反復(繰り返し)構造 配列 Data に整数が n 個格納されている。その整数の平均を求めるプログラムを考
える。 a 、 b 、 c にあてはまる処理をそれぞれの解答群から選べ。

(1) goukei = 0

(2) i を a 1 ずつ増やしながら繰り返す:

(3) ┗ goukei = b

(4) heikin = c

(5) 表示する (heikin)

【 a の解答群】
　　ア. 1 から n まで　　イ. 1 から n−1 まで　　ウ. 0 から n まで　　エ. 0 から n−1 まで

【 b の解答群】
　　ア. i　　イ. Data[i]　　ウ. goukei + Data[i]　　エ. Data[i] + i

【 c の解答群】
　　ア. goukei / heikin　　イ. goukei / n　　ウ. heikin / n　　エ. heikin / goukei

---

思考 ➡ 例題⑲
113 関数 ランダムな整数を戻り値として返す関数≪乱数 (数値 1, 数値 2):数値 1 以上数値 2 以下のランダ
ムな整数を返す≫がある。次のプログラムは、理論上何%の確率で「当たり」が出るか、求めよ。

(1) x = 乱数 (1 , 10)

(2) もし x >= 8 ならば:

(3) ┃ 表示する ("当たり")

(4) そうでなければ:

(5) ┗ 表示する ("はずれ")

思考
114　入れ子構造　1 から 100 の整数のうち、ある条件を満たす整数のみを表示させるプログラムを作成する。その条件を解答群から選べ。ただし、% は割り算の余りを求める演算子である。

```
(1) i を 1 から 100 まで 1 ずつ増やしながら繰り返す：
(2) │　もし i % 3 == 0 ならば：
(3) │　│　表示する ( i )
(4) │　そうでなくもし i % 5 == 0 ならば：
(5) └　└　表示する ( i )
```

【解答群】　　ア．3 か 5 の倍数　　イ．3 と 5 の倍数　　ウ．3 で割った余り　　エ．5 で割った余り

思考
115　総合　配列 Data に 9 個の正の整数を入力し、そのなかの最大値を表示するプログラムを作成する。 a 、 b にあてはまる処理をそれぞれの解答群から選べ。

```
(1) max = 0
(2) Data = [3, 6, 2, 8, 4, 10, 2, 11, 5]
(3) i を 0 から 8 まで a ずつ増やしながら繰り返す：
(4) │　もし　 b 　ならば：
(5) └　└　max = Data[i]
(6) 表示する (max)
```

【 a の解答群】
　　ア．0　　イ．1　　ウ．max　　エ．i

【 b の解答群】
　　ア．max > Data[i]　　イ．max < Data[i]　　ウ．max > Data[i+1]　　エ．max < Data[i+1]

思考
116　総合　鶴と亀が合わせて 100 匹いる。鶴と亀の足の数を合計すると 286 であった。鶴と亀のそれぞれの数を求めるため、鶴の数を 0 から 1 ずつ増やしながら確認し、条件を満たしたところで処理を終えるとすると、どのようにプログラムするとよいか。 a 、 b にあてはまる処理をそれぞれの解答群から選べ。

```
(1) tsuru = 0 , hantei = "false"
(2) hantei != "true" の間繰り返す：
(3) │　kame = a
(4) │　もし tsuru * 2 + kame * 4 == 286 ならば：
(5) │　│　hantei = "true"
(6) │　そうでなければ：
(7) └　└　 b
(8) 表示する (" 鶴 " , tsuru , " 亀 " , kame)
```

【 a の解答群】
　　ア．100 - tsuru　　イ．100 + tsuru　　ウ．tsuru - 100　　エ．tsuru

【 b の解答群】
　　ア．kame = kame + 1　　イ．kame = kame - 1
　　ウ．tsuru = tsuru + 1　　エ．tsuru = tsuru - 1

発展問題

思考
117 **選択(条件分岐)構造** ……難易度 ★★★

図1と**図2**が同じ動作をするために、a、b にはいる Yes と No の組み合わせはどれか。次のア〜エから選べ。

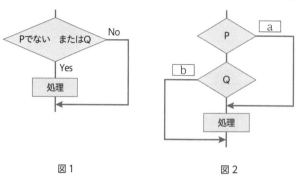

	a	b
ア	No	No
イ	No	Yes
ウ	Yes	No
エ	Yes	Yes

図1　　　　　　図2

(平 25 秋期午前基本情報技術者試験　改)

思考
118 **選択(条件分岐)構造** ……難易度 ★★☆

x と y を自然数とするとき、流れ図であらわされる手続きを実行した結果として、適切なものはどれか。次のア〜エから選べ。

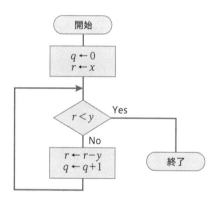

	q の値	r の値
ア	$x \div y$ の余り	$x \div y$ の商
イ	$x \div y$ の商	$x \div y$ の余り
ウ	$y \div x$ の余り	$y \div x$ の商
エ	$y \div x$ の商	$y \div x$ の余り

(平 28 春期午前基本情報技術者試験　改)

思考
119 **反復(繰り返し)構造** ……難易度 ★★☆

《プログラム X 》で示す処理では、変数 i の値が、$1 \to 3 \to 7 \to 13$ と変化し、《プログラム Y 》で示す処理では、変数 i の値が、$1 \to 5 \to 13 \to 25$ と変化した。図中の $\boxed{a}$、$\boxed{b}$ に入れる字句の適切な組み合わせをそれぞれの解答群から選べ。

```
《プログラム X》
i = 1
k を 1 から 3 まで 1 ずつ増やしながら繰り返す：
└ i = [a]
```

```
《プログラム Y》
i = 1
k を [b] 増やしながら繰り返す：
└ i = [a]
```

【$\boxed{a}$ の解答群】
　　　ア.2 * i + k　　イ.i + 2 * k

【$\boxed{b}$ の解答群】
　　　ア.1 から 7 まで 3 ずつ　　イ.2 から 6 まで 2 ずつ

(令 3 IT パスポート試験　改)

思考
120 **総合** ……難易度 ★★☆

流れ図（フローチャート）で示す処理が終了したとき、x の値はどれか。次のア〜エから選べ。

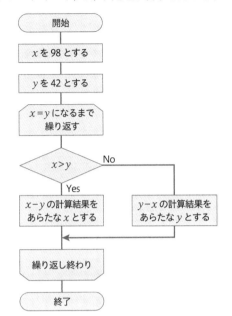

ア. 0
イ. 14
ウ. 28
エ. 56

（令 4 IT パスポート試験　改）

思考
121 **総合** ……難易度 ★★☆

配列 Tango がある。n 個の単語が Tango[1] から Tango[n] にはいっている。図は、n 番目の単語を Tango[1] に移動するために、Tango[1] から Tango[n-1] の単語を順に 1 つずつ後ろにずらして単語の表を再構成するプログラムである。　a　に入れる処理として、適切なものはどれか。次のア〜エから選べ。

《プログラム》
(1) Tango[0] = Tango[n]
(2) i を n-1 から 0 まで 1 ずつ減らしながら繰り返す：
(3) └ a

ア. Tango[i + 1] = Tango[i]
イ. Tango[n − i] = Tango[i]
ウ. Tango[n − i] = Tango[i + 1]
エ. Tango[i] = Tango[n − i]

（平 23 秋期午前基本情報技術者試験　改）

ヒント

119 それぞれ 1 の値がどのように変わっていくか、選択肢の式をあてはめて確かめていくとよい。

120 x=98、y=42 からはじめて、繰り返しの処理をするたびに x と y がどう変わっていくかを順に書いていくとわかりやすい。なお、この手順では、x と y の最大公約数を求めている。

121 配列の添字は 0 からはじまるが、はじめに単語がはいっている配列は Tango[1] 以降である。つまり、Tango[0] は、上書きしてはいけない値を一時的に保管するために使っている。

③ モデル化とシミュレーション

■1 モデル化

問題の解決のために、複雑な事物や現象から、本質的な部分を強調し、余分な要素や条件を取り除いて**単純化・抽象化**したものを**モデル**という。モデルを設定することを**モデル化**という。次のような事物や現象は、モデル化をすると、事物や現象を理解しやすくなったり、他者とイメージを共有しやすくなったりする。

(1)大きさやスケールが大きすぎるもの、実際に試すには危険をともなったりするもの

(2)時間の変化により、状況や形状が刻一刻と変化して、とらえにくいもの

(3)さまざまな要素が複雑に関係しあい、お互いに影響しあっているようなもの

モデル化は、おもに次のような手順でおこなう。

❶目的の明確化…事物や現象からどんなデータを得たいのか、どんな問題を解決したいのか、その目的を整理する。

❷要素の分析…モデルを構成する**要素**と、要素どうしの関係性を明らかにする。

❸数式や図で表現…要素と関係性を数式や図などで表現する。

モデル化には、表現形式により、次のような分類がある。

表現形式による分類		説明と例
論理モデル	数理モデル (数式モデル)	事物や現象のつながりや因果関係を、数学や物理学などで用いる数式で表現したモデル **例** 連立一次不等式と一次関数、平均変化率の式
	図的モデル	事象の位置関係や関係性などを図で表現し、理解しやすくしたモデル **例**
物理モデル	実物モデル (実物大モデル)	実際の形に似せてつくった模型で、実物と同じ大きさで表現したモデル **例** モデルハウス
	拡大モデル	人の目では小さくて見えないものを拡大して表現したモデル **例** 微生物、DNA の模型
	縮小モデル (縮尺モデル)	1/100 モデルのように、実物の大きさを縮小して表現したモデル **例** 自動車のプラモデル

また、事物や現象の特性により、次のような分類がある。

特性による分類	説明
静的モデル	時間の要素を含まず、時間の経過に影響を受けないモデル
動的モデル	時間の要素を含み、時間の経過に影響を受けるモデル
確率モデル(確率的モデル)	確率的な要素を含み、不確定要素や不規則な動作の影響を受けるようなモデル
確定モデル(確定的モデル)	確率的な要素や不確定要素、不規則な動作の影響を受けず、規則的な動きをするモデル

❷ シミュレーション

　シミュレーション(simulation　似せる、模倣する)とは、モデル化した事物や現象を用いて、条件を設定して試行してみることをさす。現実のシステムを動かして挙動や結果をたしかめることが困難あるいは不可能であったり、危険をともなったりする場合に、シミュレーションがおこなわれる。モデルを使って模擬実験をおこなったり、コンピュータ上でプログラムを用いておこなったりすることも多い。適切にモデル化をおこない、条件を設定することで、事象が起こる前に予測できることがシミュレーションの利点である。

　試験に出やすいシミュレーションの例をいくつか紹介する。

❶ローン金利シミュレーション

　クレジットカードで大きな金額の買い物をしたり、まとまったお金を銀行や金融機関で借りたりした場合、未返済の金額に対して、期間と金利(利率)に応じて利子(利息)が発生するのが一般的である。ローン金利シミュレーションの問題では、次のような要素がある。

(1)借入金額(借入総額)20万円、50万円、100万円など。元金あるいは元本とよぶ。

(2)金利の利率…通常は**年利**。5%、10%、15%など。年利を12で割ったものは月利とよぶ。

(3)金利の計算方法……**単利**　元金(元本)に対してのみ金利をつけていくしくみ。

　　　　　　……**複利**　元金(元本)にそれまでの利子(利息)を合わせた金額に、金利をつけていくしくみ。利子に対してさらに利子がつくので「複利」とよぶ。

(4)返済方式…**元利均等返済**　元金にかかる金利(利率)が変化せず、元金返済額を変化させることで、毎月の返済総額を一定にする返済方式。問題文に「毎月、一定の金額を返済する方式」とあれば、この元利均等返済である。

　　…**元本均等返済**　毎月、元金を返済する額を一定にする返済方式。借り入れている元金が減れば減るほど利子(利息)が減るため、返済するごとに月々の返済額が減っていく。

▌表計算ソフトウェアによるローン金利シミュレーションの例 ▌

10万円借り入れ、利率15%(単利)、毎月5000円ずつ返済(元利均等返済)の場合

	A	B	C	D	E
1			毎月返済額	5000	
2			借入総額	100000	
3					
4		金利	年利	15	%
5			月利	1.25	%
6					
7	返済月	借入残高	利子(単利)	返済額(単利)	元金充当額(単利)
8	1	¥100,000	¥1,250	¥5,000	¥3,750
9	2	¥96,250	¥1,203	¥5,000	¥3,797
10	3	¥92,453	¥1,156	¥5,000	¥3,844

それぞれのセルの入力例

	A	B	C	D	E
1			毎月返済額	5000	
2			借入総額	100000	
3					
4		金利	年利	15	%
5			月利	=D4/12	%
6					
7	返済月	借入残高	利子(単利)	返済額(単利)	元金充当額(単利)
8	1	=D2	=B8*($D$5/100)	=C8+E8	=$D$1-C8
9	2	=B8-E8	=B9*($D$5/100)	=C9+E9	=$D$1-C9
10	3	=B9-E9	=B10*($D$5/100)	=C10+E10	=$D$1-C10

*(アスタリスク)は乗算、/(スラッシュ)は除算、$ ~ $ ~は絶対参照の指定

❷待ち行列シミュレーション

待ち行列とは、買い物や何かのサービス、資源の提供などを受けるために待っている人たちが行列をつくること。

一定間隔の時間のなかで何人が来るか、また、サービスの提供にかかる時間がわかれば、待たされている人たちは「どのくらい待てば自分の順番が来るか」を予測することができる。

窓口：サービスを受ける場所　　　到着：窓口に客が到着すること

到着間隔：客が窓口に来てから次の客が到着するまでの時間間隔

サービス時間：1人の客が窓口に来てサービスを受け始めてから、そのサービスが終わるまでの時間

∥ 表計算ソフトウェアによる待ち行列グラフ ∥

グラフの見方　　待：到着して待っている時間　　サ：窓口でサービスを受けている時間

到着時間（一定・ランダム）とサービス時間（一定・ランダム）の4つの待ち行列のパターン（窓口が1つの場合）。

グラフの縦の「待」セル数で、その時間に列をつくって待っている人数がわかる。

(1)一定到着・一定サービス

A	1	2	3	4	5	6	7	8	9	10	11	12	13	14	15	16	17	(分)
1人目	サ	サ	サ															
2人目	待	待	待	サ	サ	サ												
3人目			待	待	待	サ	サ	サ										
4人目					待	待	待	サ	サ	サ								
5人目							待	待	待	サ	サ	サ						

(2)ランダム到着・一定サービス

A	1	2	3	4	5	6	7	8	9	10	11	12	13	14	15	16	17	(分)
1人目	サ	サ																
2人目	待	待	サ	サ														
3人目		待	待	待	サ	サ												
4人目				待	待	待	サ	サ										
5人目				待	待	待	待	サ	サ									

(3)一定到着・ランダムサービス

A	1	2	3	4	5	6	7	8	9	10	11	12	13	14	15	16	17	(分)
1人目	サ	サ	サ	サ														
2人目	待	待	待	待	サ	サ	サ	サ										
3人目			待	待	待	待	待	サ	サ									
4人目					待	待	待	サ	サ	サ								
5人目							待	待	待	待	サ	サ						

(4)ランダム到着・ランダムサービス

A	1	2	3	4	5	6	7	8	9	10	11	12	13	14	15	16	17	(分)
1人目	サ	サ	サ	サ														
2人目	待	待	待	待	サ	サ												
3人目			待	待	待	待	待	サ	サ	サ	サ							
4人目					待	待	待	待	待	サ	サ	サ						
5人目					待	待	待	待	待	待	待	待	サ	サ				

❸モンテカルロ法（乱数の計算）

モンテカルロ法は確率モデルを用い、乱数（ランダム、不規則な数の並び）を発生させてシミュレーションをおこなう方法の1つである。複数の要素が複雑に組み合わさった現象について予測をおこなうときに、起こるかもしれない発生結果の確率を乱数で定義し、何度も試行を重ねることで、その影響を理解することが目的である。

具体的には金融財務や気候変動、生産管理など、リスク管理が求められる分野でよく用いられる考え方である。

∥ 円の面積を求める（円周率を求める） ∥

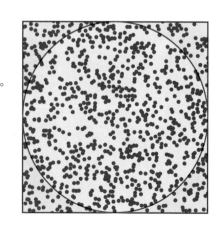

モンテカルロ法を用いて正方形に内接する円の面積を求めるときには、正方形のなかにランダムに点を打ち、打った点の総数と、円のなかにはいった点の数を数える。円のなかの点の数÷打った点の総数（ほぼ円周率の4分の1になる）を求め、正方形の面積に乗じると、それが円の面積になる。このモンテカルロ法の要点は、用いる乱数が一様であること（一様乱数）、多くの点を打てば打つだけ計算結果の精度が上がること（大数の法則）である。（➡実際の算出方法はp.59「モンテカルロ法で円周率を求める」参照）

●ビュフォンの針

18世紀のフランスの科学者ビュフォンが提起した数学問題で、平行線の上にランダムに針をばらまき、何本が平行線と交わったかを確率で示すことで、モンテカルロ法の基礎となった。

次の文章および表の空欄にあてはまる語句や値を答えよ。

1 問題の解決のために、複雑な事物や現象から、本質的な部分を強調し、余分な要素や条件を取り除いて ア あるいは イ したものを ウ といい、ウ を設定することを エ という。

2 モデル化は次のような手順でおこなう。
(1)事物や現象からどんなデータを得たいのか、どんな問題を解決したいのか、オ を明確化する。
(2)モデルを構成する カ と、その間の キ を明らかにする。
(3)カ と キ を、ク や ケ などで表現する。

3 表現形式によるモデルの分類は次のようになる。

コ	サ	事物や現象のつながりや因果関係を、数学や物理学などで用いる数式で表現したモデル
	シ	事象の位置関係や関係性などを図で表現し、理解しやすくしたモデル
ス	セ	実際の形に似せてつくった模型で、実物と同じ大きさで表現したモデル
	ソ	人の目では小さくて見えないものを拡大して表現したモデル
	タ	1/100モデルのように、実物の大きさを縮小して表現したモデル

4 事物や現象の特性によるモデルの分類は次のようになる。

チ	時間の要素を含まず、時間の経過に影響を受けないモデル
ツ	時間の要素を含み、時間の経過に影響を受けるモデル
テ	確率的な要素を含み、不確定要素や不規則な動作の影響を受けるようなモデル
ト	確率的な要素や不確定要素、不規則な動作の影響を受けず、規則的な動きをするモデル

5 モデル化した事物や現象を用いて、条件を設定し、試行することを ナ といい、ニ をおこなったりコンピュータ上で ヌ を用いておこなったりすることも多い。現実に試すことが ネ あるいは ノ だったり、ハ をともなう場合に、ナ をおこなうことで、事象が起こる前に予測することができる。

6 ローン金利シミュレーションにおいて、10万円借り入れ、利率15%(単利)、毎月5,000円ずつ返済すると、返済方式は ヒ となり、月利は フ % となるので、返済1か月目の利子(利息)は ヘ 円となる。また、元金充当額は ホ 円となる。

7 人が何らかのサービスを受けるために行列をつくるようすを マ という。客が窓口に来てから次の客が到着するまでの ミ と、1人の客が窓口に来てサービスを受け始めてから終わるまでの ム がわかると、マ のシミュレーションをおこなうことができ、待ち時間の最適化や短縮、サービス向上に役立てることができる。

プロセスの解答

1 ア.単純化 イ.抽象化 ウ.モデル エ.モデル化 **2** オ.目的 カ.要素 キ.関係性 ク.数式 ケ.図 **3** コ.論理モデル サ.数理モデル シ.図的モデル ス.物理モデル セ.実物モデル ソ.拡大モデル タ.縮小モデル **4** チ.静的モデル ツ.動的モデル テ.確率モデル ト.確定モデル **5** ナ.シミュレーション ニ.模擬実験 ヌ.プログラム ネ.困難 ノ.不可能(ネ・ノは順不同) ハ.危険 **6** ヒ.元利均等返済 フ.1.25 ヘ.1,250 ホ.3,750 **7** マ.待ち行列 ミ.到着間隔 ム.サービス時間

例題 ⑳ ローン金利シミュレーション

　AさんとBさんはそれぞれ価格 2,000,000 円の同じ新車を、金利６％のマイカーローンを利用して、それぞれ異なる返済方式で購入することに決めた。２人とも頭金は０円、５年間で完済する計画を立てた場合、以下の問いに答えよ。

(1) Aさんは毎月決められた日に一定の金額を返済する方式を選択した。この方式を何というか。

(2) Bさんは毎月決められた日に一定の元金を返済する方式を選択した。この方式を何というか。

(3) このローンの金利が単利の場合、毎月の月利は何％か。

(4) Aさんが初月に支払う返済額のうち、利息はいくらか。

(5) ２人が初月に支払う返済額を比較して高いのはどちらか。

(6) ２人が５年後の完済の１か月前に支払う返済額を比較して高いのはどちらか。

(7) ２人が５年間で支払った利息の総額を比較して高いのはどちらか。

(8) 同じローンの条件を、C社では複利方式で展開している。AさんやBさんが契約した会社とC社を比較して、ローンの返済総額が高いのはどちらか。

　　　①AさんとBさんが契約した会社　　②C社　　③返済総額は変わらない

考え方
(1)元金と利息を合計して毎月一定の金額を返済する。(2)元本(元金)の返済を毎月一定額にする。
(3)金利の表示はふつう年利である。6% ÷ 12ヶ月
(4)借りた当初元金×(3)の金利　2,000,000 × 0.005
(5)(6)返済期間が同じなら元本均等返済が高く、徐々に低くなって元利均等返済と逆転する。
(7)毎月の返済後元本に対して利息がつくので、金利総額はAさんが高くなる。
(8)複利方式は元本＋予定されている利息の合計に対して利息がつくので、返済総額は高い。

解答
(1)元利均等返済
(2)元本均等返済
(3)0.5%　(4)10,000 円
(5)Bさん　(6)Aさん
(7)Aさん　(8)②

例題 ㉑ 待ち行列シミュレーション

　ある病院では、平均して 10 分に１人の患者が来院する。医師は１人で診察しており、１人の患者にかかる平均の診察時間は６分である。以下の問いに答えよ。

(1) 患者は１時間に平均何人来院するか(平均到着率)。平均到着率は平均到着時間の逆数である。

(2) 医師は１時間に平均何人を診察できるか(平均サービス率)。平均サービス率は平均サービス時間の逆数である。

(3) この病院の混み具合(混雑率)はいくらか。百分率で求めよ。

(4) 平均待ち人数はいくらか。小数第１位まで求めよ。

(5) ある患者の平均待ち時間(診察を受け始めるまでの時間)はいくらか。

考え方
(1) 平均到着率は平均到着時間(10 分)の逆数なので、$\frac{1}{10}$(１分あたり)

　　　１時間あたりだと、$\frac{1}{10} \times 60 = 6$(人)

(2) 平均サービス率は平均サービス時間(6 分)の逆数なので、$\frac{1}{6}$(１分あたり)

　　　１時間あたりだと $\frac{1}{6} \times 60 = 10$(人)

(3) 混み具合(混雑率)は $\frac{平均到着率}{平均サービス率}$ で求められるので、$\frac{6}{10} = 0.6 = 60\%$

(4) 平均待ち人数は $\frac{混雑率}{1 - 混雑率}$ で求められるので、$\frac{0.6}{1 - 0.6} = 1.5$(人)

(5)患者１人あたりの診察時間は６分なので　6(分)× 1.5(人)＝ 9(分)

解答
(1)6 人
(2)10 人
(3)60%
(4)1.5 人
(5)9 分

(知識) (思考)
122 モデルとモデル化

問1 論理モデルや物理モデルについて説明した(1)〜(5)の文が、それぞれ何のモデルについて説明したものか
を答え、さらに解答群からモデルの例をすべて選んで記号で答えよ。

(1) 事象の位置関係や関係性などを図で表現し、理解しやすくしたモデル。

(2) 事物や現象のつながりや因果関係を、数学や物理学などで用いる数式で表現したモデル。

(3) 実物の形に似せてつくった模型で、実物と同じ大きさで表現したモデル。

(4) 1/100 モデルのように、実物の大きさを縮小して表現したモデル。

(5) 人の目では小さくて見えないものを拡大して表現したモデル。

【モデルの例の解答群】

ア．DNA の模型 　　イ．状態遷移図 　　ウ．車のプラモデル 　　エ．連立一次不等式と一次関数

オ．フローチャート 　　カ．分子模型 　　キ．モデルハウス 　　ク．平均変化率の式

問2 問1の(1)〜(5)で説明されたモデルのうち、論理モデルはどれか。また、物理モデルはどれか。

(知識) (思考)
123 モデルとモデル化

問1 事物や現象の特性によりモデル化を分類したときの(1)〜(4)の説明文が、それぞれ何のモデルについて説
明したものかを答えよ。

(1) 時間の要素を含み、時間の経過に影響を受けるモデル。

(2) 時間の要素を含まず、時間の経過に影響を受けないモデル。

(3) 確率的な要素を含み、不確定要素や不規則な動作の影響を受けるようなモデル。

(4) 確率的な要素や不確定要素、不規則な動作の影響を受けず、規則的な動きをするモデル。

問2 次の(1)〜(4)の現象は、動的モデルと静的モデルのどちらに該当するか。また、確率モデルと確定モデル
のどちらに該当するか、答えよ。

(1) 家の風呂の水を一度沸かしたあと、加温や保温をせずに放置したときの水温の変化。

(2) 生徒が 1000 人在籍している学校の売店で準備しなければならないパンの数。

(3) コンビニエンスストアや飲食店で会計時に人が並ぶ行列の長さ。

(4) 決まった 2 地点の間で、自動で荷物を運搬するロボットが、運べる荷物の量。

(思考)
124 図的モデル（フローチャート）

問1 図的モデルの 1 つに、フローチャートがある。これは、現象を手順に着目してあらわすアルゴリズムを、
図として表現する方法の 1 つである。次の(1)〜(4)の記号はフローチャートで用いられる記号である。記号
の意味をア〜オから選べ。

(1) 　　(2) 　　(3)  　　(4)

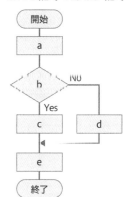

ア．開始・終了 　　イ．処理 　　ウ．入出力 　　エ．判断 　　オ．反復

問2 1,000 円を持って店に魚を買い物に行くフローチャートを右図のように表現し
た場合、図中の a 〜 e にはいる語句をア〜カから選べ。

ア．魚を買うのをあきらめる 　　イ．会計をして買い物を終了する

ウ．家に帰る 　　エ．会計をやめて安い別の魚を探す

オ．魚の金額が 1,000 円以内である 　　カ．店に行く

知識
125 図的モデル（ブロック線図）

　ブロック線図は、図的モデルの1つで、対象を構成する要素と要素の間に矢印で信号や制御結果（せいぎょ）が流れるようすを図であらわしたモデルである。

　たとえば、家の風呂の水温が、ある一定の温度に下がったときに、快適な温度になるようボイラー（風呂の湯を加熱する装置）を制御するようなフィードバック制御システムをブロック線図で表現すると次の図のようになる。以下の問いに答えよ。

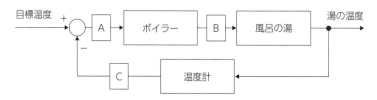

問1　図中の矢印Aにはボイラーへの火力を上げる信号が流れる。Aの信号が流れるときはどんなときか、説明せよ。また、Aの信号が止まるときはどんなときか、説明せよ。

問2　図中の矢印Bは何をあらわしているか、ア〜エから選んで答えよ。
　　ア．ボイラーからの熱　　イ．水道からの水　　ウ．ボイラーからの信号　　エ．湯の温度の計測データ

問3　図中の矢印Cは何をあらわしているか、ア〜エから選んで答えよ。
　　ア．ボイラーへの燃料　　イ．水道からの水　　ウ．ボイラーへの信号　　エ．湯の温度の計測データ

知識
126 図的モデル（状態遷移図）

　状態遷移図とは、ある事物や現象において、1つの状態から別の状態に変化（遷移）するようすを図的モデルにした図である。四角で状態名を、矢印で遷移を、矢印のそばにはイベント（アクション）を書く。矢印は一方通行である。状態遷移表は、縦軸を状態、横軸をイベントとして、表形式にまとめたものである。

　以下の図はSTART、STOP、RESETの3つのボタンがあるストップウォッチの状態を、状態遷移図と状態遷移表にしたものである。0待機中は時間表示をゼロに戻した状態である。以下の問いに答えよ。

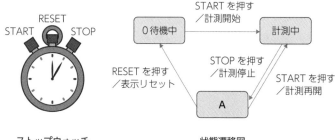

	START を押す	B	RESET を押す
0待機中	計測中	—	—
計測中	—	一時停止中	—
一時停止中	計測中	—	C

ストップウォッチ　　　　　状態遷移図　　　　　状態遷移表

問1　上の図の空欄A〜Cにはいる語句を、次のア〜クから選べ。
　　ア．0待機中　　イ．計測中　　ウ．一時停止中　　エ．STARTを押す　　オ．STOPを押す
　　カ．RESETを押す　　キ．STOPを2回押す　　ク．STARTを2回押す

問2　状態遷移図と状態遷移表を比較した場合、状態遷移図のメリット（より表現していること）はどんな点か。説明せよ。

問3　状態遷移図と状態遷移表を比較した場合、状態遷移表のメリット（より表現していること）はどんな点か。説明せよ。

発展問題

思考 127 モデル化（図的モデルの作成） ……難易度 ★★★

次の文章は、情報機器の生産と人口の増減について説明している。この文章の内容を、図的モデルで表現したい。以下の問いに答えよ。

情報機器は、機器メーカーによってつくり出される。機器メーカーは生産数の増加のための工場投資を増加させ、工場投資は生産数を増やす。生産数が増えると、販売数が増え、工場投資が増える。また、工場投資の増加は環境汚染を増大させる。一方、人口は出生数によって増加し、死亡数によって減少する。出生数は人口に比例して決まり、このときの比例定数は出生率を用いる。死亡数についても同様に、死亡率を比例定数として人口に比例すると考える。環境汚染の増大は人々の生存に影響を与えて死亡率を増大させる。

図的モデルの作成ルール

文章から抽出した要素を、楕円形を用いてあらわす。また、要素間に関係があるものを矢印で結び、矢印の先に、増加の影響を与える場合は正の記号を、減少の場合は負の記号をつける。

問い 下の図的モデルのA～Fにあてはまる要素を文章中から探して答えよ。

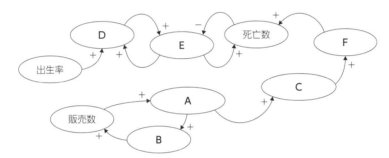

思考 128 モデル化（アローダイアグラム・PERT図） ……難易度 ★★★

作業の開始から終了まで、数多くの作業工程がある場合、図的モデルにすると、作業の全体像が見えてくる。作業工程と作業にかかる日数を矢印でつないだ図的モデルをアローダイアグラム（PERT図）という。

次の、ある作業工程のアローダイアグラムの最も左の○を作業全体の開始、最も右の○を作業全体の終了、A～Jを作業の名前とする。この図を見て、以下の問いに答えよ。

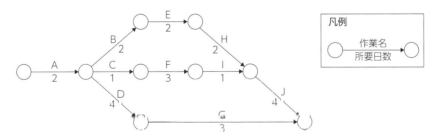

問1 作業Aが完了したあと、作業Bに進むと、作業全体の開始から終了までに何日かかるか。

問2 作業Aが完了したあと、作業Cに進むと、作業全体の開始から終了までに何日かかるか。

問3 作業Aが完了したあと、作業Dに進むと、作業全体の開始から終了までに何日かかるか。

問4 作業開始から終了までの所要日数が最長になる工程をクリティカルパスという。作業工程上の重要な日数とされている。問1～3の作業工程のうち、クリティカルパスはどれか。

（平31春期午前基本情報技術者試験　改）

300円の商品しか販売しない自動販売機のプログラムを設計したい。このときの自動販売機の挙動を表現した状態遷移図はア～エのうちどれか。

【状態遷移図のルール】

ここで、入力と出力の関係を"入力／出力"であらわし、入力の"a"は"100円硬貨"を、"b"は"100円硬貨以外"を示し、S_0～S_2は状態をあらわす。入力が"b"の場合はすぐにその硬貨を返却する。また、終了状態に遷移する場合、出力の"1"は商品の販売を、"0"は何もしないことを示す。

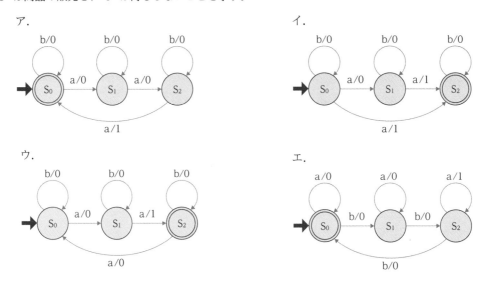

（平28秋期午前基本情報技術者試験 改）

次の図は、リスクシミュレーションをもとに、あるプロジェクトの見積りコストに対して最終的にその額におさまる確率を示したものである。現在、プロジェクトの予算として4,000万円を用意している。実際のコストが見積りコストを上回ってしまう確率を20%まで引き下げるためには、予備として、あとおよそ何万円用意することが妥当か。ア～エから選べ。

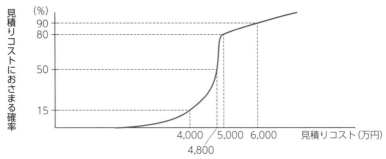

ア．1,000　イ．2,000　ウ．4,800　エ．9,600　　　　（平21秋期ITパスポート試験 改）

知識 **計算**
131 コンピュータの構成 ……難易度 ★☆☆

コンピュータの基本構成を示した右の図を見て、次の各問いに答えよ。

問1　図中の(1)～(4)にはいる装置の名称をア～エから選べ。

　ア．主記憶　　イ．補助記憶　　ウ．制御　　エ．演算

問2　コンピュータの性能は CPU に左右される。CPU とはどの装置のことか、図中の番号で答えよ。

問3　あるコンピュータの CPU のクロック周波数(1秒間に処理できるクロック数)は 1GHz であるという。この場合、4クロックで処理される命令は1秒間に何回実行できるか。

問4　コンピュータの SSD とメモリにあたるそれぞれの装置を、図中の番号で答えよ。

思考
132 論理回路 ……難易度 ★★☆

右の論理回路をもとに、真理値表を完成させよ。また、この論理回路と同じ出力が得られる論理回路はどれか、ア～エから選べ。

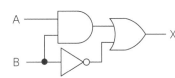

A	B	X
0	0	
0	1	
1	0	
1	1	

ア．

イ．
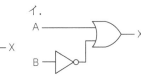

ウ．

エ．
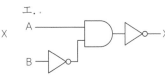

(平 21 春期午前基本情報技術者試験　改)

知識
133 論理回路 ……難易度 ★★☆

右の真理値表は排他的論理和(XOR)をあらわしたものである。排他的論理和とは、片方のみが1になる場合に出力が1となる論理演算である。次の各問いに答えよ。

問1　排他的論理和をベン図であらわす。出力が1になる部分をぬりつぶせ。

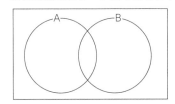

入力		出力
A	B	
0	0	0
0	1	1
1	0	1
1	1	0

問2　右の図は、排他的論理和(XOR)を、基本的な論理ゲート(AND、OR、NOT)のみで表現した論理回路である。この回路図の空所にはいる適切なものをア～エから選べ。

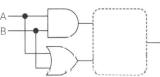

ア．
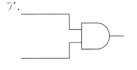

イ．
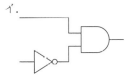

ウ．
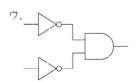

エ．
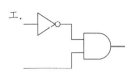

ヒント

133 問2上の AND ゲート、下の OR ゲートそれぞれの出力を、真理値表の「入力」と「出力」の間に加えて考える。

思考 134 **モデル化とシミュレーション** ……難易度 ★★☆

アローダイアグラム(PERT 図)を使ったシミュレーションを実施する。アローダイアグラムはプロジェクト全体の流れを図に示したもので、各工程を番号で時間とともにあらわし、作業は矢印で表現している。次の各問いに答えよ。

問1　下の図は、ケーキづくりのアローダイアグラムである。ケーキが完成するまでに何分かかるか。

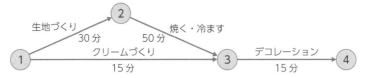

問2　文化祭の看板をつくる工程をアローダイアグラムにしたところ、以下のようになった。このときの完成までの最短日数は、30 日であった。作業全体を見直し、「デザイン」を 3 日短縮したところ、完成までの最短日数は 2 日短縮された。「ベースづくり」の所要日数は何日か。

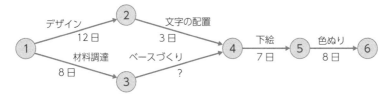

問3　作業工程の日数に幅がある場合は、最短期間と最長期間を記述する場合がある。次のアローダイアグラムの最短日数と最長日数をそれぞれ答えよ。

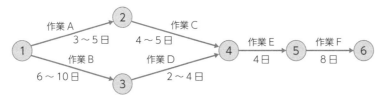

思考 135 **シミュレーション** ……難易度 ★★☆

あるシステム開発では、一般的な SE(システムエンジニア)の場合、①設計に 6 人月、②プログラム作成に 12 人月、③テストに 12 人月かかる(1 人が 1 か月かかる作業を 1 人月と考える)。次の各問いに答えよ。工程は 1 か月単位で独立しているものとする。

問1　一般的な SE が、すべての工程を 1 人でおこなうと、完成までに何か月かかるか。

問2　すべての工程を 1 人でおこなうと、かなり時間がかかることがわかった。そこで、通常の SE の 2 倍のスピードで開発できる上級 SE を 1 人追加することにしたが、参加できるのが 3 か月後からの 7 か月間だという。この場合、完成までに何か月かかるか。

問3　納期を早めるために、一般的な SE が 2 人と、**問2**の条件の上級 SE が 1 人の合計 3 人で開発することにした。その場合、完成までに何か月かかるか。

思考 136 **表計算ソフトウェアの利用** ……難易度 ★☆☆

文化祭の模擬店で会計担当になった。そこで、販売した食券の数をもとに、表計算ソフトウェアを用いて右のような会計資料を作成することにした。次の各問いに答えよ。

問1　セル D2 に計算式を入力し、セル D3 と D4 に複写する。セル D2 に入力すべき式を答えよ。

問2　セル D5 に入れる関数をア～エから選べ。

	A	B	C	D
1	商品名	単価	販売数	売上金額
2	うどん	300	108	
3	そば	320	76	
4	カレーライス	350	125	
5		合計		

　ア．= SUM(C2:C4)　　イ．= SUM(C2:C5)　　ウ．= SUM(D2:D4)　　エ．= SUM(D2:D5)

137 配列のプログラム ……難易度 ★★☆

n 個の数値がはいった配列 A を、次の＜アルゴリズム＞によって昇順に整列する。次の各問いに答えよ。ただし配列Aの添字は0から始まるものとする。

＜アルゴリズム＞

```
1  i を n - 1 から 1 まで 1 ずつ減らしながら繰り返す
2  │  j を 0 から i - 1 まで増やしながら繰り返す
3  │  │  もし A[j] > A[j + 1] ならば：
4  │  │  └ 交換 (A[j], A[j + 1])
```

＜関数「交換」の説明＞

交換 (変数 1 , 変数 2)：変数 1 と変数 2 の内容を交換する。

例 a が 1、b が 2 のときに、交換 (a, b) を実行すると、a の内容は 2、b の内容は 1 になる。

問1 行 1～4 の処理がはじめて終了したとき、必ず実現されている配列の状態はどれか。ア～エから選べ。

ア．A[0] が最小値になる　　イ．A[0] が最大値になる

ウ．A[n-1] が最小値になる　　エ．A[n-1] が最大値になる

問2 関数「交換」のプログラムとして適当なものを、ア～エから選べ。

ア．
```
1  数値 1 = 数値 2
2  数値 2 = 数値 1
```

イ．
```
1  数値 2 = 数値 1
2  数値 1 = 数値 2
```

ウ．
```
1  x = 数値 1
2  数値 1 = 数値 2
3  数値 2 = x
```

エ．
```
1  x = 数値 1
2  数値 2 = 数値 1
3  数値 2 = x
```

138 アルゴリズム ……難易度 ★☆☆

以下の条件をふまえ、グラウンドに描画するアルゴリズムを考える。

＜条件＞

命令は、次のものを使うことができる。

進む（距離）

進む距離だけ直進する。(例)進む (10) で、10 m進む。

描画（距離）

描画しながら直進する。(例)描画 (10) で、10 mの長さの線分を描画する。

回転（角度）

進行方向から時計回りに回転して向きを変える。(例)回転 (180) で、その場で時計回りに180°回転する。

問1 次のアルゴリズムは、現在地を中心とした 1 辺の長さが 10m の正六角形を描くアルゴリズムである。 a ～ c の空欄にあてはまる数値を答えよ。

＜アルゴリズム＞

```
1  進む( a )
2  回転(240)
3  h 回繰り返す：
4  │  描画(10)
5  └ 回転( c )
```

ヒント
134 完成までの時間は、いちばん時間がかかる工程の所要時間に左右される。
135 2人月というのは、1人で2か月、あるいは2人で1か月の作業量をあらわす。
137 変数に値を代入すると、それ以前に代入されていた値は上書きされることに気をつける。

第3章 コンピュータとプログラミング

問2　次のアルゴリズムを実行すると、どのような図形ができあがるか、右の方眼を利用して描け。1マス20mとする。

＜アルゴリズム＞

```
1   5回繰り返す：
2   │ 描画(50)
3   └ 回転(144)
```

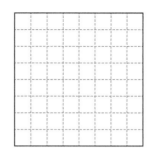

思考
139　数あてゲーム　……難易度 ★★☆

ランダムな0〜9までの整数を生成し、その値を当てるゲームを作成する。当たった場合はその時点で終了し、当たるまで終了しないものとする。下のアルゴリズム中の空欄 ａ ～ ｃ に入れる処理として適切なものを、それぞれの解答群から選べ。

＜アルゴリズム＞

```
1   kotae = a
2   hantei = b
3   hantei == 0 の間繰り返す：
4   │ kazu =【外部からの入力】
5   │ もし c ならば：
6   └   └ hantei = 1
7   表示する(" 正解です ")
```

＜関数「乱数」の説明＞

乱数 (最小値 ， 最大値)：最小値から最大値までの、ランダムな整数を返す。
　例　乱数 (3，8) を実行すると、3から8までの整数をランダムに返す。

【ａの解答群】
　ア．乱数 (9)　　イ．乱数 (10)　　ウ．乱数 (0，9)　　エ．乱数 (1，10)

【ｂの解答群】
　ア．0　　イ．1　　ウ．9　　エ．10

【ｃの解答群】
　ア．kazu == hantei　　イ．kazu == 0　　ウ．kotae == 0　　エ．kazu == kotae

思考
140　パスワードの認証　……難易度 ★★☆

システムへのログイン認証のしくみを考える。現在、パスワードとして「daiichi」という文字が設定されている。ユーザに文字列を入力させ、それがパスワードと一致すればログインできる。パスワードは3回まちがえたら再度チャレンジできないよう、ログイン認証にロックをかけるように設定する。下のプログラムの空欄 ａ ～ ｃ に入れる処理として適切なものを、それぞれの解答群から選べ。なお、「==」は等号、「!=」は等号否定を意味する。

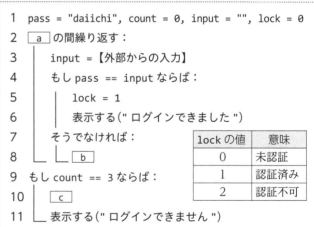

```
1   pass = "daiichi", count = 0, input = "", lock = 0
2   a の間繰り返す：
3   │ input =【外部からの入力】
4   │ もし pass == input ならば：
5   │ │ lock = 1
6   │ │ 表示する(" ログインできました ")
7   │ そうでなければ：
8   │ └ b
9   もし count == 3 ならば：
10  │ c
11  └ 表示する(" ログインできません ")
```

lock の値	意味
0	未認証
1	認証済み
2	認証不可

【ａの解答群】　ア．count > 3 or pass != input　　イ．count < 3 or pass != input
　　　　　　　　ウ．count > 3 and pass != input　　エ．count < 3 and pass != input
【ｂの解答群】　ア．count = 0　　イ．count = 1　　ウ．count = input　　エ．count = count + 1
【ｃの解答群】　ア．lock = 0　　イ．lock = 1　　ウ．lock = 2　　エ．lock = input

思考
141 **探索プログラム** ……難易度 ★★☆

配列 Data のなかに、10 個の自然数を格納している。外部から自然数を入力し、配列内に一致する自然数があるかどうかを調べる。次の各問いに答えよ。なお、「==」は等号、「!=」は等号否定を意味する。

問1 配列内に入力された値と一致する自然数があれば配列の添字を表示し、一致する自然数がなければ見つからなかったことを表示するプログラムを作成する。次のプログラムの空欄 a に入れる処理として適切なものを解答群から選べ。

```
1  Data = [84,79,51,29,76,21,18,26,31,48]
2  表示する(" 探している値を入力してください ")
3  number =【外部からの入力】
4  i を 0 から 9 まで 1 ずつ増やしながら繰り返す：
5  │  もし  a  ならば：
6  │  └ 表示する(" 探している番号は "，i，" 番目にあります ")
7  もし  Data[9] != number  ならば：
8  └ 表示する(" 見つかりませんでした ")
```

【a の解答群】

ア. Data[i] == number　　イ. Data[i] != number　　ウ. i == number　　エ. i != number

問2 上記のプログラムの場合、たとえば配列内の先頭の値と一致した場合でも、i を 9 まで増やしながら無意味な処理を繰り返す。そこで、探している値が見つかったら強制的に終了させるしくみを追加することにした。次のプログラムの空欄 b 、 c に入れる処理として適切なものを、それぞれの解答群から選べ。

```
1  Data = [84,79,51,29,76,21,18,26,31,48 ]
2  表示する(" 探している値を入力してください ")
3  hantei = 0, i = 0
4  number =【外部からの入力】
5  i < 10 and hantei == 0 の間繰り返す：
6  │  もし  a  ならば：
7  │  │  表示する(" 探している番号は " ，i ，" 番目にあります ")
8  │  │   b
9  │  そうでなければ：
10 │  └  c
11 もし hantei == 0 ならば：
12 └ 表示する(" 見つかりませんでした ")
```

【b の解答群】

ア. hantei = i　　イ. hantei = 0　　ウ. hantei = 1　　エ. hantei = i - 1

【c の解答群】

ア. i = i　　イ. i = i + 1　　ウ. i = i - 1　　エ. i = i + hantei

問3 問2のプログラムを実行した。「探している値を入力してください」と表示されたのち「51」を入力した場合、どのように表示されるか。

ヒント
139 関数を使うときは、引数の数と、引数で渡す値の内容に気をつける。

142 貯金の計算 ……難易度 ★★★

欲しいものを買うために 10,000 円を貯めたいと思ったあなたは、今日から毎日ある規則で欠かさず貯金をしていくことに決めた。貯金を開始してからの日数を x 日目とし、x が素数の場合には 100 円を、それ以外の場合は 10 円を貯金する。貯金を始めてから 6 日までの金額は、下の表のようになった。

日数	1日目	2日目	3日目	4日目	5日目	6日目
貯金額	10	100	100	10	100	10
合計額	10	110	210	220	320	330

問1 9日目の貯金額と合計額をそれぞれ答えよ。

問2 貯金の合計額が 10,000 円以上になるのは何日目か、プログラムを使用して調べる。次のプログラムの空欄 a ～ c に入れる処理として適切なものを、それぞれの解答群から選べ。なお、素数かどうかを判定するには、関数「素数判定」を使用する。

＜関数「素数判定」の説明＞

素数判定(整数)：整数が素数の場合は「1」、それ以外の場合は「0」を返す。

例 素数判定(5)を実行すると、5 は素数なので 1 を返す。素数判定(6)を実行すると、0 を返す。

```
1  goukei = 0
2  x = 1
3  ［ a ］の間繰り返す：
4  │  もし［ b ］ならば：
5  │  │   goukei = goukei + 100
6  │  そうでなければ：
7  │  └   goukei = goukei + 10
8  └  x = x + 1
9  表示する("10000 円以上になるのは ", ［ c ］, " 日目です ")
```

【aの解答群】

　ア. goukei != 10000　　イ. goukei == 10000　　ウ. goukei <= 10000　　エ. goukei < 10000

【bの解答群】

　ア. 素数判定(x) == 0　　　　イ. 素数判定(x) == 1

　ウ. 素数判定(goukei) == 0　　エ. 素数判定(goukei) == 1

【cの解答群】

　ア. x　　イ. x + 1　　ウ. x - 1　　エ. goukei

ヒント

142 ［ b ］何のために素数かどうかの判定をおこなうのかを考える。

　　　［ c ］繰り返しを抜けるのは何日目になるのかを考える。

☑ セルフチェックシート

節	目標	関連問題	チェック
1	コンピュータを構成する装置がわかる。	102・106・131	
	コンピュータの処理速度に影響する要素を理解している。	103・109	
	基本的な論理ゲートを組み合わせたものの出力がわかる。	104・105・132	
	複雑な論理回路の考え方がわかる。	108	
	条件にあった論理回路をつくることができる。	107・133	
2	順次構造のプログラムを読める。	110	
	プログラムの選択構造がわかる。	111・113・114 115・116・117 118・120・137 139・140・141 142	
	プログラムの反復構造がわかる。	112・114・115 116・119・120 121・137・138 139・140・141 142	
	プログラムでの関数の使い方がわかる。	113・137・139 142	
	配列のプログラムがわかる。	112・115・121 137・141	
	プログラムでの入れ子構造の関係がわかる。	114・115・116 120・137・139 140・141・142	
	変数の値を交換するアルゴリズムを理解できる。	121・137	
3	モデルという語がさすものが何かわかる。	122・123	
	フローチャートを見て処理の流れを理解できる。	124	
	ブロック線図を見て処理の流れを理解できる。	125	
	状態遷移図を見て処理の流れを理解できる。	126・127・129	
	PERT 図から作業工程と作業日数を読み取れる。	128・134	
	シミュレーションの結果をもとにした予測ができる。	130	
	作業工程と作業日数について文字情報から整理して予測ができる。	135	
	シミュレーションのための表計算ソフトウェアの使い方がわかる。	136	

※赤の問題番号は、章末問題。

1 ネットワークとセキュリティ

1 ネットワーク

ネットワークとは情報の流れる経路のこと。たとえば、糸電話のように2つ、もしくはそれ以上をつないだ糸を情報が流れていくもののこと。

- **インターネット**…世界中のコンピュータなどの情報機器を接続するネットワーク。
- **LAN**(ローカルエリアネットワーク)…企業や学校など限定された範囲にあるコンピュータなどの機器を結んだもの。
- **WAN**(ワイドエリア(広域)ネットワーク)…LANを相互に結んだもの。インターネットは、世界規模のWANの1つである。
- **ISP**(インターネットサービスプロバイダ)…インターネットに接続するサービスを提供する組織のこと。
- **ONU**…光回線の終端装置のこと。回線事業者と契約した際にレンタルすることが多い。
- **モデム**…アナログ信号とデジタル信号を相互に変換する装置。コンピュータなどの機器が通信回線を通じてデータを送受信できるようになる。
- **ルータ**…LANどうしを接続する装置。ハブ(スイッチ、スイッチングハブ)や無線LANの機能が一体化されたWi-Fiルータとして販売されていることも多い。
- **ハブ**(スイッチ、スイッチングハブ)…LANで複数の機器(コンピュータなど)をLANケーブルで接続したい場合に使う装置。
- **Wi-Fi**…IEEE802.11規格で通信する無線LAN規格の総称。アメリカのWi-Fi Allianceによって認められた機器のみWi-Fi対応と名乗ることができる。

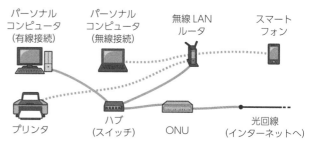

パーソナルコンピュータ(有線接続)　パーソナルコンピュータ(無線接続)　無線LANルータ　スマートフォン
プリンタ　ハブ(スイッチ)　ONU　光回線(インターネットへ)

2 ネットワークのしくみ

❶クライアントとサーバ…コンピュータネットワークにおいて、サービスを提供するコンピュータのことを**サーバ**(もしくはホスト)といい、サービスを受けるコンピュータを**クライアント**という。

- **クライアントサーバシステム**

  利用者が使うクライアントからの要求を受け取ったサーバが、要求された処理をおこなって結果を返すような、情報サービスの提供方式。たとえば、Webページを公開するWebサーバや、メールを送受信するためのメールサーバなどに採用されているシステムのこと。

- **ピアツーピアシステム**

  サーバを通さずにクライアントどうしで相互に情報サービスを提供する方式。ピアとは対等という意味で、クライアントとクライアントとが直接データのやりとりをおこなうために、サーバが混みあうといったトラブルが起こりにくい。たとえば、音声通話アプリなどのデータのやりとりに使われている。

●クライアントサーバシステム

提供するサービスに合わせたソフトウェアを利用する。

●ピアツーピアシステム

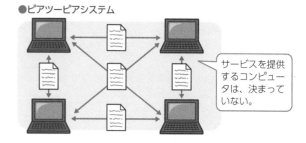

サービスを提供するコンピュータは、決まっていない。

❷プロトコル

　プロトコルとは通信規約という意味で、コンピュータがネットワークを通じてほかのコンピュータに接続するときに、通信内容ごとに決められている。

　TCP/IP 階層モデルとは、インターネットの通信をおこなうためのプロトコルを階層ごとに整理したもの。1 層では有線 LAN や無線 LAN、2 層では IP アドレス、3 層は通信方式、4 層でサーバとの通信について定義されている。また、TCP/IP とは別に、階層ごとに通信プロトコルをまとめた OSI 参照モデルというものもある。

●OSI 参照モデルの階層

| アプリケーション層 |
| プレゼンテーション層 |
| セッション層 |
| トランスポート層 |
| ネットワーク層 |
| データリンク層 |
| 物理層 |

●TCP/IP 階層モデル

層	階層の名称	階層の機能	例
4 層	アプリケーション層	WWW やファイル転送、電子メールなどが動作できるようにデータの処理をおこなう	HTTP、HTTPS、SMTP、POP、IMAP、SSH、SMB など
3 層	トランスポート層	通信されたデータを確実に効率よくやりとりするための処理をおこなう	TCP、UDP など
2 層	インターネット層	送信先のコンピュータのアドレスをもとに、データの通信経路の選択などをおこなう	IP など
1 層	ネットワークインタフェース層	データを通信媒体に適合した電気信号や光信号に変換し送受信をおこなう	イーサネット（Ethernet）、無線 LAN（Wi-Fi）など

3 IP アドレス

❶ IP アドレス…IP（インターネットプロトコル）において、通信の宛先を識別するための番号。IPv4 では、32 ビットであらわされている。

$$11000000.\ 10101000.\ 00000010.\ 00000001 \ \Rightarrow\ 192.\ 168.\ 2.\ 1$$

8ビット　8ビット　8ビット　8ビット

- **サブネットマスク**…IPv4 アドレスのネットワークアドレス部（ネットワークを識別する部分）とホストアドレス部（1 つのネットワーク内のコンピュータを識別する部分）を区別するための数値。
- **デフォルトゲートウェイ**…異なるネットワークと通信するときの、出入り口にあたる機器の IP アドレス。パケットの宛先がネットワーク内に見つからないときは、この IP アドレスを参照することになる。
- **グローバル IP アドレス**…インターネットで相手と通信するための、ほかのアドレスと重複しない IP アドレスのこと。IPv4 のアドレスは 32 ビットであらわされるので、およそ 43 億個の IP アドレスを割りあてることができる。しかし、インターネットが普及するにつれてグローバル IP アドレスが枯渇するという問題を抱えることになったため、IP アドレスを 128 ビットであらわす **IPv6** への移行が進められている。
- **プライベート IP アドレス**…LAN 内で自由に使える IP アドレス。

$$11111111.\ 11111111.\ 11111111.\ 00000000$$

ネットワーク部　　　　　　　　　　　　ホスト部

サブネットマスクを「255.255.255.0」にした場合は、IP アドレスの上位 24 ビットをネットワーク部として、ネットワークの IP アドレスをあらわすために使う、ということを示している。残りのホスト部が 00000000（0）の場合、ネットワークの IP アドレスをあらわし、11111111（255）は管理目的使われるため、この場合、ネットワーク内で割り当てられる IP アドレスは 254 になる。たとえば、192.168.233.0 という IP アドレスのネットワークには、IP アドレスが 192.168.233.1 〜 192.168.233.254 の 254 台の機器を接続できる。

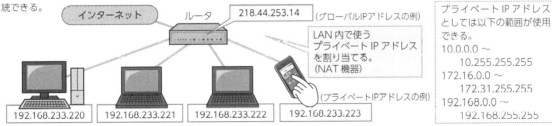

インターネット　ルータ　218.44.253.14　（グローバルIPアドレスの例）

LAN 内で使うプライベート IP アドレスを割り当てる。（NAT 機器）

（プライベートIPアドレスの例）

192.168.233.220　192.168.233.221　192.168.233.222　192.168.233.223

プライベート IP アドレスとしては以下の範囲が使用できる。
10.0.0.0 〜
　10.255.255.255
172.16.0.0 〜
　172.31.255.255
192.168.0.0 〜
　192.168.255.255

❷ドメイン名…IP アドレスは数字の羅列で表現されるので、人間には覚えにくい。そこで、人間にとって覚えやすいドメイン名をつけられるようになっている。IP アドレスとドメイン名は、DNS によって相互に変換される。ドメイン名を見ると、どこの国のどんな組織のものかがわかるようになっている（例：.co.jp は日本の企業）。

４ 情報の伝送

❶ネットワーク交換方式

情報通信の方法には、回線交換方式とパケット交換方式がある。

(a)回線交換方式…1 対 1 で回線を占有しておこなう通信の交換方式。おもに電話網で使われてきた。通信中には回線を占有するため話し中の状態が発生するが、データの蓄積や再送などの制御が不要。

(b)パケット交換方式…インターネットで使われている通信方式。データをパケットという単位に分割し、送信する。パケット交換方式のメリットは、回線を占有しないため話し中にならないことである。

❷インターネットサービスのしくみ

(a)**Web のしくみ**…Web ブラウザを使って Web ページにアクセスするとき、まず URL に含まれるドメイン名を DNS サーバに問い合わせる。DNS サーバ(IP アドレスとドメイン名とを変換する DNS のサービスを提供する)から IP アドレスが送信されるので、取得した IP アドレスの Web サーバにデータを要求する。Web ページは HTML という方法で書かれており、Web サーバ

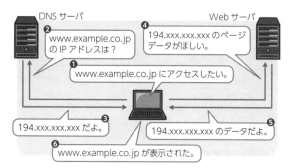

から返された HTML のデータをもとに、Web ブラウザが形を整えて内容を表示する。

●**HTML**…HTML では< >で囲まれたタグを使って、見出しや本文、ハイパーリンクなどを記述する。Web ページの見た目は、CSS という方法で指定する。

(b)**メールのしくみ**…メールを送信するとき、送られるメールは SMTP というプロトコルによって自分のメールサーバに送られ、宛先のドメイン名から IP アドレスに変換されたのちに、相手のメールサーバに届く。その後、受け手がメールクライアントを使い、POP3 などのプロトコルで受信することで、相手の手元に届く。

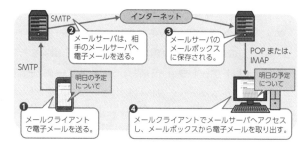

❸情報の効率的な伝送

(a)**圧縮**…音や動画などのデータは大きなものになりやすいので、情報をあらわすデータの量を圧縮(→ p.41)により減らして伝送する。

(b)**エラー訂正**…ネットワークでのデータの伝送では、さまざまな原因でエラーが発生する。データの表現に冗長性(情報を表現するために最低限必要なデータよりも多くのデータがあること)をもたせることで、エラーの発生を検出できるようにする方法がある(パリティビットなど)。エラーを検出したとき、エラーの内容を訂正できる場合は訂正したり、訂正できない場合は再送信してもらう。

５ 暗号化技術を用いた安全対策

❶暗号化…平文を暗号文にすること。平文のままでは、通信中に内容を盗み見られた場合、第三者に内容が読まれてしまう。インターネットというしくみを利用している以上、第三者による内容の傍受を完全に防ぐことはできないが、暗号化をおこなうことで、通信を盗み見られたとしても、通信の秘密を保つことができる。

●**平文**…暗号化する前のデータのこと。

●**復号**…暗号文を平文にすること。

(a)**共通鍵暗号方式**…データの暗号化と復号を 1 つの鍵でおこなう。50 音やアルファベットなどの順に文字をずらしてつくる**シーザー暗号**では、文字を任意の文字数ずらすことが鍵となる。ただし、鍵を安全に送る必要があるという問題がある。

(b)**公開鍵暗号方式**…暗号化をおこなう公開鍵と、復号をおこなう秘密鍵に分けて、2つの鍵を使う方式。まず受け手が両方の鍵を用意し、公開鍵を送り手に渡す。送り手は、公開鍵を使って送りたいデータを暗号化し、受け手に送る。受け手は届いた暗号文を、自分だけがもっている秘密鍵を使って復号する。

(c)**SSL/TLS**…Webページの通信を暗号化するために用いられている。公開鍵暗号方式を使って共通鍵を送り、その共通鍵でデータを暗号化してやりとりをする。

(d)**デジタル署名**…公開鍵暗号方式を応用することで実現する、送信者が本人であることを確認するための技術。

❷ブロックチェーン

　暗号資産(仮想通貨)の送金情報の送受信などに利用されている方法で、ピアツーピア型の分散管理、強固な暗号技術、複数の参加者でもっているデータが正しいと判断するためのしくみなどにより、改ざんなどを防止する。

プロセス

次の文中の空欄にあてはまる適切な語を答えよ。

1 限られた範囲にあるコンピュータなどの機器を結んだネットワークを ア といい、 ア を相互に接続したものを イ という。世界規模の イ の1つである ウ に接続するためには、 エ との契約が必要となる。そのままでは1台の機器しかインターネットに接続できないので、 オ を利用してLANケーブルで接続したり、Wi-Fiで接続したりする。

2 世界中からインターネットに接続するために カ という キ が決められている。 カ の階層モデルでは、下から1層が ク 層、2層が ケ 層、3層が コ 層、4層が サ 層という名前がつけられている。

3 インターネットに接続するとき、パケットの宛先として、割り振られた シ を利用する。WAN側では ス が使われていて、LAN側では セ が使われている。

4 通信の宛先に、2進法の32桁であらわされる ソ を使うと、人間には識別が難しい。そこで、意味のわかる文字を宛先とする タ を利用する。 チ を使って、両者を相互に変換している。

5 おもに電話網では ツ 交換方式が使われてきた。インターネットでは テ 交換方式が使われている。

6 Webページを閲覧するときは、 ト で ナ が ニ に変換されたのちに、 ヌ からデータを受け取る。メールを送る場合は、 ネ というプロトコルで送信し、宛先の ノ に届いたものを受け手が ハ などのプロトコルで受信する。

7 暗号化する前のデータを ヒ といい、 ヒ を暗号化したものを フ という。 ヘ では ホ とよばれる1つの鍵で暗号化と復号をおこない、 マ では暗号化に使う ミ と復号に使う ム が使われる。SSL/TLSは ヘ と マ を組み合わせておこなわれる。 マ の手順を逆にすることで送信者の本人確認ができる、 メ という技術がある。

プロセスの解答

1 ア．LAN　イ．WAN　ウ．インターネット　エ．ISP　オ．ルータ　**2** カ．TCP/IP　キ．プロトコル　ク．ネットワークインタフェース　ケ．インターネット　コ．トランスポート　サ．アプリケーション　**3** シ．IPアドレス　ス．グローバルIPアドレス　セ．プライベートIPアドレス　**4** ソ．IPアドレス　タ．ドメイン名　チ．DNS　**5** ツ．回線　テ．パケット　**6** ト．DNSサーバ(または、ネームサーバ)　ナ．ドメイン名　ニ．IPアドレス　ヌ．Webサーバ　ネ．SMTP　ノ．メールサーバ　ハ．POP3　**7** ヒ．平文　フ．暗号文　ヘ．共通鍵暗号方式　ホ．共通鍵　マ．公開鍵暗号方式　ミ．公開鍵　ム．秘密鍵　メ．デジタル署名

知識 **143** **IPアドレス** ネットワークに関する次の記述中のa～cに入れる字句の適切な組み合わせはどれか。次の
ア～エから選べ。

建物内などに設置される比較的狭いエリアのネットワークを【 a 】といい、地理的に離れた地点に設置されて
いる【 a 】間を結ぶネットワークを【 b 】という。一般に、【 a 】に接続する機器に設定するIPアドレス
には、組織内などに閉じたネットワークであれば自由に使うことができる【 c 】が使われる。

	a	b	c
ア	LAN	WAN	グローバルIPアドレス
イ	LAN	WAN	プライベートIPアドレス
ウ	WAN	LAN	グローバルIPアドレス
エ	WAN	LAN	プライベートIPアドレス

(平31春期ITパスポート試験)

知識 **144** **IPアドレス** PCに設定するIPv4アドレスの表記の例として、適切なものを次のア～エから選べ。

ア．00.00.11.aa.bb.cc イ．050-1234-5678
ウ．10.123.45.67 エ．http://www.example.co.jp/

(令2秋期ITパスポート試験)

知識 **145** **IPアドレス** NATについて説明した次の文章中のa、bに入れる字句の適切な組み合わせはどれか。次
のア～エから選べ。

NAT(Network Address Translation)とは、【 a 】と【 b 】を相互に変換する技術であり、職場や家庭の
LANをインターネットへ接続するときによく利用される。

	a	b
ア	プライベートIPアドレス	MACアドレス
イ	プライベートIPアドレス	グローバルIPアドレス
ウ	ホスト名	MACアドレス
エ	ホスト名	グローバルIPアドレス

(令1秋期ITパスポート試験)

知識 **146** **プロトコル** 通信プロトコルの説明として、最も適切なものはどれか。次のア～エから選べ。

ア．PCやプリンタなどの機器をLANへ接続するために使われるケーブルの集線装置
イ．Webブラウザで指定する情報の場所とその取得方法に関する記述
ウ．インターネット通信でコンピュータを識別するために使用される番号
エ．ネットワークを介して通信するために定められた約束事の集合

(平28秋期ITパスポート試験)

知識 **147** **クライアントとサーバ** PC1のメールクライアントからPC2のメールクライアントの利用者宛ての電子
メールを送信するとき、①～③で使われているプロトコルの組み合わせとして、適切なものを次のア～エから選べ。

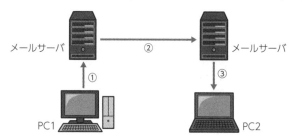

	①	②	③
ア	POP3	POP3	SMTP
イ	POP3	SMTP	SMTP
ウ	SMTP	POP3	POP3
エ	SMTP	SMTP	POP3

(平31春期ITパスポート試験)

（知識）148 DNS ネットワークにおける DNS の役割として、適切なものを次のア～エから選べ。

ア．クライアントからの IP アドレス割りあて要求に対し、プールされた IP アドレスのなかから未使用の IP アドレスを割りあてる。

イ．クライアントからのファイル転送要求を受けつけ、クライアントへファイルを転送したり、クライアントからのファイルを受け取って保管したりする。

ウ．ドメイン名と IP アドレスの対応づけをおこなう。

エ．メール受信者からの読み出し要求に対して、メールサーバが受信したメールを転送する。

（令1秋期 IT パスポート試験）

（知識）149 URL インターネットで URL が "http://srv01.ipa.go.jp/abc.html" の Web ページにアクセスするとき、この URL 中の "srv01" は何をあらわしているか。適切なものを次のア～エから選べ。

ア．"ipa.go.jp" が Web サービスであること

イ．アクセスを要求する Web ページのファイル名

ウ．通信プロトコルとして HTTP または HTTPS を指定できること

エ．ドメイン名 "ipa.go.jp" に属するコンピュータなどのホスト名

（平30春期 IT パスポート試験）

（思考）150 情報の伝送 ネットワークの交換方式に関する記述のうち、適切なものはどれか。次のア～エから選べ。

ア．回線交換方式では、通信利用者間で通信経路を占有するので、接続速度や回線品質の保証をおこないやすい。

イ．回線交換方式はメタリック線を使用するので、アナログ信号だけを扱える。

ウ．パケット交換方式は、複数の端末で伝送路を共有しないので、通信回線の利用効率が悪い。

エ．パケット交換方式は無線だけで利用でき、回線交換方式は有線だけで利用できる。

（平28春期 IT パスポート試験）

（思考）151 暗号 文字列のアルファベットを前に3文字ずらすことで暗号化するシーザー暗号を使って、とある文章を暗号化したら「GLEL　AXFPRHF」となった。もとの文章に復号せよ。

（知識）152 暗号化技術 複数のコンピュータが同じ内容のデータを保持し、各コンピュータがデータの正当性を検証して担保することによって、矛盾なくデータを改ざんすることが困難となる。暗号資産の基盤技術として利用されている分散型台帳を実現したものはどれか。次のア～エから選べ。

ア．クラウドコンピューティング　　イ．ディープラーニング

ウ．ブロックチェーン　　　　　　　エ．リレーショナルデータベース

（令3 IT パスポート試験）

（思考）153 暗号化の技術 共通鍵暗号方式と公開鍵暗号方式を比較するために、それぞれの特徴を表にまとめた。次のア～オから適切な語句を選んで①～⑥を埋めよ。

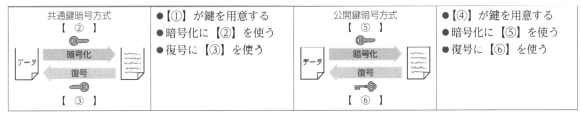

ア．送信者　　イ．受信者　　ウ．共通鍵　　エ．公開鍵　　オ．秘密鍵

知識 **154** **IP アドレス** ……難易度 ★★☆

サブネットマスクの用法に関する説明として適切なものを次のア～エから選べ。

ア．IP アドレスのネットワークアドレス部とホストアドレス部の境界を示すのに用いる。

イ．LAN で利用するプライベート IP アドレスとインターネット上で利用するグローバル IP アドレスとを相互に変換するのに用いる。

ウ．通信相手の IP アドレスからイーサネット上の MAC アドレスを取得するのに用いる。

エ．ネットワーク内のコンピュータに対して IP アドレスなどのネットワーク情報を自動的に割りあてるのに用いる。

（平 30 秋期 IT パスポート試験）

知識 **155** **ルーティング** ……難易度 ★☆☆

ネットワークを構成する機器であるルータがもつルーティング機能の説明として適切なものを次のア～エから選べ。

ア．会社が支給したモバイル端末に対して、システム設定や状態監視を集中しておこなう。

イ．異なるネットワークを相互接続し、最適な経路を選んでパケットの中継をおこなう。

ウ．光ファイバと銅線ケーブルを接続し、流れる信号を物理的に相互変換する。

エ．ホスト名と IP アドレスの対応情報を管理し、端末からの問い合わせに対応する。 （平 29 秋期 IT パスポート試験）

思考 **156** **ネットワークの構成** ……難易度 ★★☆

ハブとルータを使用して 4 台のコンピュータ PC1～4 が相互に通信できるように構成した TCP/IP ネットワークがある。ルータの各ポートに設定した IP アドレスが図のとおりであるとき、PC1 に設定するデフォルトゲートウェイの IP アドレスとして適切なものを次のア～エから選べ。

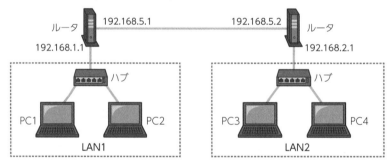

ア．192.168.1.1　　イ．192.168.2.1　　ウ．192.168.5.1　　エ．192.168.5.2　　（平 28 春期 IT パスポート試験）

知識 **157** **プロトコル** ……難易度 ★☆☆

次の①～④には TCP/IP の層の名前がはいる。それぞれの層にあてはまる名前を次のア～エから選べ。

階層	代表的なプロトコル
①	イーサネット
②	IP
③	TCP
④	HTTP、SMTP など

ア．ネットワークインタフェース層　イ．トランスポート層　ウ．インターネット層　エ．アプリケーション層

ヒント

156 PC1 が LAN1 以外の機器にアクセスするために、まず必ず通るところはどこか。

158 情報の効率的な伝送 ……難易度 ★★★

データのやりとりがおこなわれるとき、誤り検出符号を付与することでエラー検出をおこない、届いたデータに誤りがないかをたしかめる。最も単純なもので、ビット列中に含まれる1の数が偶数か奇数かをあらわす符号を算出してデータに付加するパリティビットというものがある。

7ビットの文字コード30、3F、7Aのそれぞれの先頭に、エラー検出のために1ビットのパリティビットを付加する。文字コードを2進法であらわすとき、1の数が偶数個になるように先頭のビットに0か1を付加するなら、付加後の文字コードはどれになるか、次のア～エから選べ。文字コードは16進法で表現している。

　ア．30、3F、7A　　イ．30、3F、FA　　ウ．B0、3F、FA　　エ．B0、BF、7A

（平17春期午前基本情報技術者試験　改）

159 ネットワークの構成 ……難易度 ★★★

異なる2つのネットワークの経路をルータによって実現したが、IPアドレスの設定にミスがあり、正常に通信できないコンピュータがある。このなかで唯一通信が成り立つ組み合わせはどれか、次のア～エから選べ。なお、サブネットマスクはどれも255.255.255.0とする。

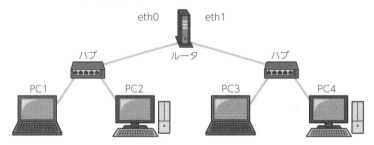

eth0	192.168.0.254
eth1	192.168.1.254
PC1	192.168.1.1
PC2	192.168.0.2
PC3	192.168.1.3
PC4	192.168.0.4

　ア．PC1とPC2　　イ．PC2とPC3　　ウ．PC2とPC4　　エ．PC1とPC3

160 暗号化の技術 ……難易度 ★★☆

サーバからクライアントにSSL/TLSを利用してデータを送信するときにおこなわれる通信をランダムに並べかえた。そのうえ、必要のない項目も含まれている。ア～キのなかから必要な項目を選び、通信する順番で答えよ。ただし通信手順は暗号化以外の部分を簡略化しているものとする。

　ア．クライアントが受け取った暗号文を、秘密鍵を使って復号する。

　イ．クライアントが用意した共通鍵を、公開鍵を使って暗号化し、サーバに送信する。

　ウ．サーバからクライアントに秘密鍵を送信する。

　エ．サーバが共通鍵を使ってデータを暗号化し、クライアントに送る。

　オ．クライアントが受け取った暗号文を、共通鍵を使って復号する。

　カ．サーバからクライアントに公開鍵を送信する。

　キ．暗号化された共通鍵を、サーバが秘密鍵を使って復号する。

161 デジタル署名 難易度 ★☆☆

次のア～エのうち、デジタル署名について説明している文章を選べ。

　ア．メッセージの送信者が用意した秘密鍵を使って暗号化し、受信者が公開鍵で復号することで、送信者本人を証明することと改ざんを検出するしくみ。

　イ．メッセージの受信者が用意した公開鍵を使って暗号化し、受信者が秘密鍵で復号することで、鍵配送問題を解決したやりとりのしくみ。

　ウ．メッセージの暗号化と復号で同じ鍵を使い、暗号化などの処理が速いというメリットがあるしくみ。

　エ．共通鍵暗号方式と公開鍵暗号方式を組み合わせて、処理を速くしつつ鍵配送問題を解決するというしくみ。

2 データベース

1 データの種類

データにはさまざまな種類があり、大きく分類すると**質的データ**と**量的データ**に分けられる。

❶質的データと量的データ

質的データとは、性別や好き嫌いなどといった、種類や分類を区別するデータで、表現が数値であっても、そのままでは足したり引いたりといった演算をおこなっても意味のないデータである。量的データとは、人数や血圧、金額などの、数値として意味のあるデータのことである。

質的データの例	性別、感想(よい、悪いなど)、生徒番号、順位、震度
量的データの例	身長、年齢、長さ、重さ、速度、距離、温度、テストの点数

❷尺度水準

尺度水準とは、データが表現する情報の性質にもとづいて、4つに分類する基準である。質的データには名義尺度と順序尺度が、量的データには間隔尺度と比例尺度がある。

- **名義尺度**…数字を異なる名称として割り振る。たとえば、1は男性、2は女性のようになる。
- **順序尺度**…数字を順序として割り振る。たとえば、震度4は震度2より大きい。ただし、数字の演算には意味がなく、震度4は震度2の2倍強いとはいえない。
- **間隔尺度**…割り振った数字の差が等しいことは、間隔が等しいことを意味する。たとえば、温度15℃と20℃の差は、30℃と35℃の差と等しい。ただし数字の比には意味がなく、30℃は5℃の6倍温度が高いとはいえない。
- **比例尺度**…割り振られた数字は間隔に加えて、比にも意味がある。ほとんどの物理データがこの尺度水準になる。たとえば、30cmの長さは15cmの2倍である。

2 データベース

❶データベース

データベースとは、形式を定めて格納されたデータの集合体のことである。また、そのために構築されたシステムのことをいう。データベースシステムには、データを格納、保管するだけでなく、必要に応じて取り出して利用することができる機能がある。

❷データモデル

データモデルとは、データベースで扱うデータの定義とフォーマットを定めるものである。

- **リレーショナルデータベース**…関係データベースともいう。複数のテーブル(表)をもち、その間でデータを関連づけて利用できるようなデータモデルを利用している。複数のテーブルを組み合わせた高度な操作ができる。

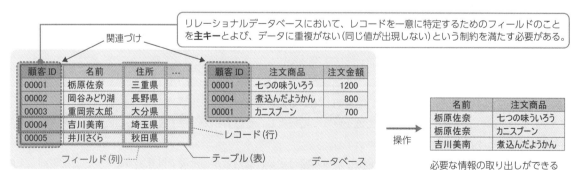

▲リレーショナルデータベースの例

- **分散データベース**…ネットワーク上の複数のデータベースに分散して配置されたデータを、あたかも1つのデータベースであるかのように利用する技術。

- ●キーバリューストア…キーとなるデータと、それに対応する値を格納するデータモデル。リレーショナルデータベースのように高度なことはできないが、速度が速く、大量のデータを格納、取り出しするのに向いている。
- ●身の回りのデータベース…データベースはほとんどあらゆるシステムで利用される。たとえば交通系電子マネーでは、運賃の計算を各改札機がおこない、そのときに運賃のデータが格納されたデータベースを利用する。

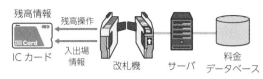

残高情報　残高操作
入出場情報
IC カード　改札機　サーバ　料金データベース

❸データベースの操作

●射影…条件に一致した列(フィールド)を取り出す操作をいう。

生徒番号	名前	生年月日	クラス
25001	田中花子	2009/12/18	2-1
25002	高橋二郎	2010/02/01	2-3
25003	川口凛花	2009/11/03	2-3
25004	鈴木智子	2009/04/11	2-4

名前と生年月日のフィールドだけを取り出す

名前	生年月日
田中花子	2009/12/18
高橋二郎	2010/02/01
川口凛花	2009/11/03
鈴木智子	2009/04/11

●選択…条件に一致した行(レコード)を取り出す操作をいう。

生徒番号	名前	生年月日	クラス
25001	田中花子	2009/12/18	2-1
25002	高橋二郎	2010/02/01	2-3
25003	川口凛花	2009/11/03	2-3
25004	鈴木智子	2009/04/11	2-4

クラスが「2-3」のレコードだけを取り出す

生徒番号	名前	生年月日	クラス
25002	高橋二郎	2010/02/01	2-3
25003	川口凛花	2009/11/03	2-3

●結合…複数の表(テーブル)を共通するフィールドの値で連結することをいう。

生徒番号	名前
25001	田中花子
25002	高橋二郎
25003	川口凛花
25004	鈴木智子

生徒番号	テストの点
25001	91
25002	88
25003	97
25004	93

2つのテーブルを「生徒番号」で連結する

生徒番号	名前	テストの点
25001	田中花子	91
25002	高橋二郎	88
25003	川口凛花	97
25004	鈴木智子	93

●SQL…データベース管理システムでデータやデータベースと対話、制御するための言語である。ユーザが SQL で問い合わせ(クエリ)を記述し、実行すると、データベース管理システムはその命令を受けてリレーショナルデータベースに対して操作をおこない、結果を返す。

SQL 言語の命令の例(データの取得の命令を出す文)

```
SELECT 列名
    FROM テーブル名
    WHERE 条件 ;
```

データを探したいテーブル名から、そのなかの列名に着目して条件に合致したデータを取得(抜き出す)。

❹データベースの管理

(a)DBMS…データベース管理システム(Data Base Management System)のこと。ユーザの要求にもとづいて、データベースの作成、更新、検索などをおこなう。

(b)分散管理…実態としては、ネットワーク上に複数存在するデータベース上に分散して存在するデータに対して、ユーザからは単一のデータベースとして扱えるようなデータベース管理のこと。

●データベース管理システムの働き

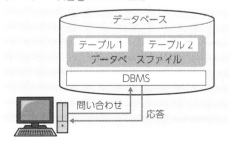

データベース
テーブル1　テーブル2
データベースファイル
DBMS
問い合わせ　応答

●データベースの分散管理

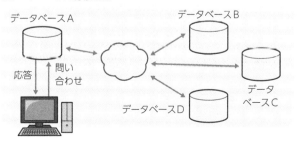

データベースA　データベースB
応答　問い合わせ
データベースC
データベースD

次の文中の空欄に適切な語句や数値を答えよ。

1 金額や身長、温度などの、数値として意味のあるデータのことを ア という。一方、性別や好き嫌いなどといった、種類や分類を区別するデータで、数値としては意味のないデータを イ という。

2 データが表現する情報の性質にもとづいて、4つに分類する基準を ウ という。数字を異なる名称として割り振る場合、たとえば1は男性、2が女性といったようにするものは エ といい、震度4や震度2といったように順序をあらわす数字を割り振るものは オ という。割り振った数字の間隔に意味があるものは カ であり、割り振られた数字の間隔に加えて、比にも意味があるものは キ である。

3 形式を定めて格納されたデータの集合体、あるいはそのために構築されたシステムのことを ク という。

4 データベースで扱うデータの定義とフォーマットを定めるものを ケ という。複数の表の間でデータを関連づけて利用できる ケ は コ とよばれ、それを利用した サ は関係データベースともよばれる。

5 複数のデータベースをネットワーク上に置き、その上に分散して配置されたデータをあたかも1つのデータベースであるかのように利用する技術のことを シ という。

6 高機能なことはできないが、大量のデータを格納、取り出しするのに向いている技術のことを ス という。

7 リレーショナルデータベースのなかに存在する表のことを セ とよぶ。また表のなかの行のことを ソ とよび、列のことは タ とよぶ。

8 チ は、データベースに対して操作や命令するための言語である。データベースの表から条件にあった行を抜き出すことを ツ とよび、条件に一致した列を抜き出すことを テ とよぶ。複数の表を共通するフィールドの値で連結することは ト とよぶ。

9 リレーショナルデータベースで、左の表から右の表をつくったときに使った操作は ナ である。

顧客ID	名前	希望商品
1	田中花子	粟おこし
2	吉岡凛菜	粟おこし
3	鈴木一郎	もみじ饅頭
4	渡辺翔	味噌煮込みうどん

顧客ID	名前	希望商品
1	田中花子	粟おこし
2	吉岡凛菜	粟おこし

10 ユーザの要求にもとづいて、データベースの作成、更新、検索などをおこなうシステムのことを ニ とよぶ。

11 ネットワーク上に存在する複数のデータベースに分散して存在するデータに対して，ユーザからは単一のデータベースとして扱えるようなデータベース管理のことを ヌ とよぶ。

プロセスの解答

1 ア. 量的データ　イ. 質的データ　**2** ウ. 尺度水準　エ. 名義尺度　オ. 順序尺度　カ. 間隔尺度　キ. 比例尺度　**3** ク. データベース　**4** ケ. データモデル　コ. リレーショナルデータモデル　サ. リレーショナルデータベース　**5** シ. 分散データベース　**6** ス. キーバリューストア　**7** セ. テーブル　ソ. レコード　タ. フィールド　**8** チ. SQL　ツ. 選択　テ. 射影　ト. 結合　**9** ナ. 選択　**10** ニ. データベース管理システム(DBMS)　**11** ヌ. 分散管理

[知識] 162 質的データと量的データ 次のア～カを、質的データと量的データに分類せよ。

ア．身長　　イ．種類　　ウ．温度　　エ．学生番号　　オ．番地　　カ．質量

[思考] 163 尺度水準 次の(1)～(6)の数値は、それぞれ尺度水準の名義尺度、順序尺度、間隔尺度、比例尺度のいずれにあたるのか答えよ。

(1)計測した質量を kg で記録した値

(2)生き物を分類するとき、動物に 1、植物に 2、菌類に 3 をつける

(3)観測したデータのうち、温度を℃で記録した値

(4)アンケートを集計するとき、10 代以下の回答に 1、20 代の回答に 2、30 代の回答に 3、40 代以上の回答に 4 をつける

(5)地震の震度階級

(6)所有している情報機器について、パソコンは 1、タブレットは 2、スマートフォンは 3 で回答してもらう

[知識] 164 データモデル 次の文章を読み、適切な語をア～カから選んで空欄を埋めよ。

　データベースで扱うデータの定義とフォーマットを定めるのが（　1　）である。複数の（　2　）をもち、その間でデータを関連づけて利用できるような（　1　）のことを（　3　）という。複数の（　2　）を組み合わせて高度な操作をすることができる。

ア．テーブル　　　　　　イ．項目　　　　　　ウ．データモデル　　　エ．リレーショナルデータベースモデル
オ．分散データベース　　カ．データストア

[思考] 165 データベースの管理 次の文章を読み、適切な語をア～カから選んで空欄を埋めよ。

　データベース管理システムを、英語の頭文字をとって（　1　）という。（　1　）はユーザとデータベースの（　2　）をおこなうようなシステムで、ユーザの要求にもとづいて、データベースの（　3　）や更新、検索などをおこなう。

ア．DBMS　　イ．HTML　　ウ．仲介　　エ．対立　　オ．作成　　カ．確立

[思考] 166 データベースの操作 右のような表がデータベースにある。（　1　）～（　3　）の結果になる操作を解答群から選べ。

表 1 は、（　1　）の操作をした結果である。

表 2 は、（　2　）の操作をした結果である。

表 3 は、（　3　）の操作をした結果である。

【解答群】ア．結合　　イ．選択
　　　　　ウ．射影　　エ．挿入

顧客ID	名前	性別
1	山本静香	女
2	谷口萌乃	女
3	岡崎一郎	男
4	相沢太郎	男

顧客ID	注文の商品
2	SSD 4TB
1	SDRAM 128GB
4	無線マウス
3	有線キーボード

▼表 1

顧客ID	名前	性別
1	山本静香	女
2	谷口萌乃	女

▼表 2

顧客ID	名前
1	山本静香
2	谷口萌乃
3	岡崎一郎
4	相沢太郎

▼表 3

顧客ID	名前	性別	注文の商品
1	山本静香	女	SDRAM 128GB
2	谷口萌乃	女	SSD 4TB
3	岡崎一郎	男	有線キーボード
4	相沢太郎	男	無線マウス

知識 思考

167 質的データと量的データ ……難易度 ★☆☆

次の(1)～(4)のデータは、量的データか、質的データか答えよ。

(1)体重（48kg、55kg、61kg、83kg）

(2)授業の感想（とてもよかった、まあよかった、どちらでもない、あまりよくなかった、まったくよくなかった）

(3)クラス（1組、2組、3組）

(4)自動車の全長（3395mm、4080mm、5470mm）

知識

168 データモデル ……難易度 ★☆☆

データを行と列からなる表形式であらわすデータベースのモデルはどれか。次のア～エから選べ。

ア．リレーショナルデータモデル　　イ．オブジェクトデータモデル

ウ．ネットワークデータモデル　　エ．階層データモデル　　　　　　　　（令4 IT パスポート試験　改）

知識 思考

169 データベースの構成 ……難易度 ★★☆

次の会話文を読んで、問1・2の空欄にあてはまるものをア～コから選べ。

A「データベースで住所録をつくりたいんだ。」

B「いいわね。」

A「ところが問題があって、同姓同名の人がいるんだ。」

B「そうなると名前は主キーには使えないわね。」

A「一意となるような人物 ID を振ろうと思っているところさ。」

B「ほかには問題はないの。」

A「住所が複数ある人がいるんだ。困っちゃうよ。」

B「そういうときこそリレーショナルデータベースの出番ね。人物 ID と住所を格納するような住所テーブルを作成するといいわよ。」

A「わかった、主となるテーブルと結合して使うんだね。」

人物テーブル

人物 ID	名前	生年月日	電話番号
1	田中花子	2009/12/18	090-xxxx-xxxx
2	鈴木智子	2009/04/11	080-yyyy-yyyy
3	川西凛花	2009/05/29	090-xxxx-yyyy
4	高橋二郎	2010/02/01	070-yyyy-xxxx
5	川口凛花	2009/11/03	090-zzzz-xxxx

住所テーブル

ID	人物 ID	住所
0001	1	北町1丁目
0002	1	港町3丁目
0003	2	南町4丁目
0004	3	東町2丁目
0005	4	南町4丁目
0006	5	新町7丁目

問1 田中花子さんの住所は（　1　）である。

問2 同じ住所に住んでいるのは（　2　）さんと（　3　）さんで、住所は（　4　）である。

ア．北町1丁目　　　　　　イ．北町1丁目と港町3丁目　　ウ．港町3丁目　　エ．南町4丁目

オ．南町4丁目と東町2丁目　カ．新町7丁目　　　　　　キ．田中花子　　　ク．鈴木智子

ケ．高橋二郎　　　　　　コ．川口凛花

知識 思考

170 データベースの操作 ……難易度 ★★☆

次の「名前テーブル」「数学テーブル」「国語テーブル」を結合すると、「テーブル D」になった。「テーブル D」の空欄を埋めよ。

名前テーブル

生徒 ID	名前
A001	川口凛花
A002	鈴木智子
A003	高橋二郎
A004	山口 進

数学テーブル

生徒 ID	点数
A002	92
A001	98
A004	91
A003	96

国語テーブル

生徒 ID	点数
A004	71
A003	85
A001	93
A002	98

テーブル D

生徒 ID	名前	数学の点数	国語の点数
A001	（　1　）	98	93
A002	鈴木智子	（　2　）	98
（　3　）	（　4　）	96	85
A004	山口 進	91	71

思考
171 データベースの構成 ……難易度 ★☆☆

右図のような、物理と化学のテスト結果についてのデータ
ベースがあったとき、正しく説明しているものを、次のア～オ
から選べ。

ア．同姓同名の人がいたときに点数の区別がつかない。

イ．化学を欠席した人と履修していない人の区別がつかない。

ウ．ある科目で同じ点数の人がいるかどうかわからない。

エ．川口凛花さんの化学の点数がわからない。

オ．山口進さんが物理と化学の両方を受験したことがわからない。

名前テーブル

生徒ID	名前
A001	川口凛花
A002	鈴木智子
A003	高橋二郎
A004	山口 進

点数テーブル

生徒ID	物理	化学
A002	90	
A001		93
A004	88	91
A003	85	

思考
172 データベースの設計 ……難易度 ★☆☆

ある高校で試験をおこなった。平均点の半分以下の得点の人は赤点となり、補
習を受ける必要がある。補習を受ける人の名簿をつくるにはどうしたらよいか、
適切なものを、次のア～エから選べ。

ア．平均点の半分以下の得点を条件にしてテーブルに対して選択を実行する。

イ．平均点の半分以上の得点を条件にしてテーブルに対して選択を実行する。

ウ．平均点の半分以下の得点を条件にしてテーブルに対して結合を実行する。

エ．平均点の半分以上の得点を条件にしてテーブルに対して射影を実行する。

生徒ID	名前	得点

思考
173 データベースの操作 ……難易度 ★☆☆

表2は、表1にどのような操作をおこなった結果として得られたものか、あとの解答群より選べ。

▼表1

患者ID	年齢	性別	名前
1	42	女	A
2	51	女	B
3	43	男	C
4	38	男	D
5	65	女	E
6	28	男	F
7	33	男	G

▼表2

患者ID	年齢	性別	名前
1	42	女	A
2	51	女	B
5	65	女	E

【解答群】

ア．年齢フィールドが40歳以上であるデータを射影した。

イ．年齢フィールドが40歳以上であるデータを選択した。

ウ．性別フィールドが女であるデータを射影した。

エ．性別フィールドが女であるデータを選択した。

オ．患者IDフィールドが5以下であるデータを射影した。

カ．患者IDフィールドが5以下であるデータを選択した。

（令4 駒澤大 改）

ヒント

169 問2 住所テーブルで、同じ住所が2つ以上あるものを見つける。

170 各テーブルでは、必ずしも生徒IDでソート（並べ替え）がされていないことに気をつける。

171 名前テーブルは、何のためにあるのだろうか。

3 データの分析

1 分布

❶度数分布表とヒストグラム

(a)**度数分布表**…データの分布を**可視化**するための表現の1つが度数分布表である。収集した量的データ（数値の データ）をいくつかの**階級**（階層、区間ともいう）に分けて集計した表で、各階級に属するデータの個数を**度数** という。最小の階級から各階級までの度数の総和を**累積度数**という。

(b)**累積相対度数**…各度数を度数の総和で除し、全体に対する割合を示したものを**相対度数**といい、最小の度数か ら各度数までの相対度数の総和を累積相対度数という。確率を度数にした度数分布を**確率分布**という。

(c)**ヒストグラム**…度数分布表を縦棒グラフにしたものをヒストグラム（histogram）といい、データの分布の傾向 を見る手段として、多く利用されている。ヒストグラムは階級ごとのデータ数をあらわすため、棒グラフの棒 の間は空けない。

●度数分布表

階級	度数	相対度数	累積度数	累積相対度数
100 円以上〜120 円未満	4	0.13	4	0.13
120 円以上〜140 円未満	7	0.23	11	0.37
140 円以上〜160 円未満	9	0.30	20	0.67
160 円以上〜180 円未満	6	0.20	26	0.87
180 円以上〜200 円未満	4	0.13	30	1.00
合計	30	1.00	－	－

●ヒストグラム

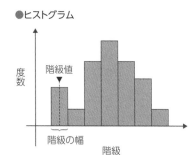

❷正規分布

正規分布はデータや確率の分布のうち、左右対称の釣り鐘（ベル）のよ うな形をした分布をさす。正規分布では「平均値付近のことはよく起こ り、平均値から遠いとめったに起こらなくなる」ことが傾向として読み 取れる。

身長のデータ、テストの点数など、身の回りで見られる多くの自然現 象や社会現象のデータが正規分布になることが知られている。

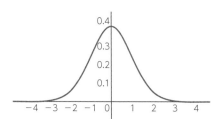

❸二項分布

ある試行が2つの結果しかないときに生じる確率の分布を**二項分布**と いう。たとえば、コイントスを複数回（100 回など）おこなったときに、 コインが表になる回数を度数とし、分布を調べると二項分布になる。

二項分布は、試行回数 n が多ければ多いほど、正規分布に近似する ことが知られている。

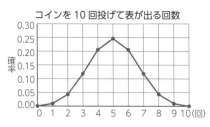

コインを 10 回投げて表が出る回数

❹散布図

(a)**散布図**…2つのデータの関係性を調べるために、それぞれのデー タを縦軸と横軸にとり、クロスした点をプロットしたグラフを散 布図という。

たとえば「理科と数学の得点に関係はあるか」「スマホの使用 時間と成績に関係はあるか」などの関係性を可視化するのに適し ている。点のまとまりぐあいと傾きで、どんな関係があるかや関 係性の強さが、ある程度判断できる。

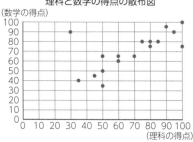

理科と数学の得点の散布図

(b)散布図と相関関係

相関関係とは、2つの事柄に何らかの関係性があることをさす。一方が増加するとき、他方が増加もしくは減少する傾向が認められる2つの量の関係といえる。

- ●**正の相関**…ある値が大きくなると、もう一方の値も大きくなる(正の相関関係がある)。
- ●**負の相関**…ある値が大きくなると、もう一方の値は逆に小さくなる(負の相関関係がある)。
- ●**相関なし**…2つのデータの間に関係性はない(それぞれのデータの大小がもう一方に影響しない。無相関)。
- ●**相関係数**…相関係数 r は $1 \sim -1$ の値をとり、1に近いほど正の相関が強く、-1 に近いほど負の相関が強いことをあらわす。また、0に近いほど、相関関係がないことをあらわす。

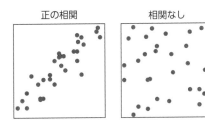
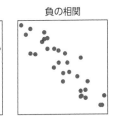

正の相関 / 相関なし / 負の相関

散布図や相関係数は2つのデータの関係性(相関関係)を示してはいるが、一方の値をもう一方の値の原因とする**因果関係**を示すものではない。たとえば、数学と理科の得点に正の相関があったとしても、数学を勉強すれば理科の成績も伸びるとは断言できない。

❺箱ひげ図

箱の上下(左右の場合もある)にひげが生えるようなグラフを**箱ひげ図**といい、最小値、第1四分位数、中央値、第3四分位数、最大値の5つの統計量(五数要約)を可視化したものである。データの分布状況を比較するのに用いる。

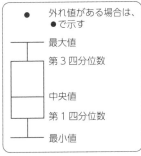

外れ値がある場合は、●で示す
最大値
第3四分位数
中央値
第1四分位数
最小値

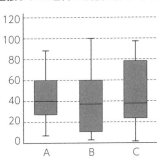

▌2▐ 統計量

❶統計量

データ分析において、データの特徴を示す数値を**統計量**という。統計量には代表値や散らばりをあらわす値がある。

(a)**代表値**…代表値とは、数値データの集団を比較したいときに、それぞれ1つの数値で代表させるときの数値で、次のようなものがある。

☆は、表計算ソフトウェアの関数を示す。

平均値 ☆ AVERAGE 関数	データの合計を個数で除した値。**外れ値**(→ p.112)の影響を強く受ける。
中央値 ☆ MEDIAN 関数	データを小さい順に並べたときに全体の中央にくる値。メジアンともいう。データの数が偶数の場合は、中央の2つのデータの平均値が中央値になる。
最頻値 ☆ MODE 関数	データの集団のなかで最も頻繁に出現する値。モードともいう。
最大値 ☆ MAX 関数	データの集団のなかで最も大きい値。
最小値 ☆ MIN 関数	データの集団のなかで最も小さい値。
四分位数 ☆ QUARTILE.INC 関数	データを小さい順に並べ、4等分したときの区切り値。**第1四分位数**、**第3四分位数**は、中央値でデータ全体を2つに分けたときの、下半分と上半分のデータの中央値である。第1四分位数と第3四分位数の差を**四分位範囲**といい、散らばりの度合いを示すために使われる。 表計算ソフトウェアの関数では、小さいほうから25%が第1四分位数、50%が第2四分位数、75%が第3四分位数となる(第2四分位数は中央値と同義)。それぞれの値は、割合で補間される。

※第1四分位数、第3四分位数の求め方には、データの数が奇数のときに「中央値を下半分・上半分に含める」(箱ひげ図提唱者の定義)、「中央値を下半分・上半分に含めない」(高校数学Ⅰの定義)、「割合で補間する」(表計算ソフトウェアでの定義)などいろいろな方法があり、数値が異なる場合がある。ただし、四分位数を使う本質はデータの分布の状況を見ることであり、たいていの場合、その数値の差が分析に影響することはない。

（b）散布度をあらわす統計量

散布度とは、数値データの集合があるとき、その数値データの散らばりぐあいをあらわすための指標である。

☆は、表計算ソフトウェアの関数を示す。

分散 ☆ VAR.P 関数	データのばらつきぐあいをあらわす値。平均値と個々のデータの差を 2 乗した値の平均で求める。平均値からの離れぐあいを、値の正負を問わずに比較することができる。
標準偏差 ☆ STDEV.P 関数（母集団） ☆ STDEV.S 関数（標本）	分散の平方根。分散は求める過程で 2 乗しているので、平方根を取ることでデータの単位をそろえる。
偏差値	あるデータの集団を、平均値 50、標準偏差 10 になるように調整したもの。テストの得点を例とすると、（個人の得点－平均点）× 10 ÷ 標準偏差 ＋ 50　で求めることができる。
外れ値	ほかのデータから大きく外れた値。平均値に影響をおよぼす。
欠損値	データの一部の値が不明であるもの。アンケートにおける無回答など。データ処理に影響を与える。

❷データ集計

データの収集には、**アンケート調査**や**インタビュー**でデータを集めたり、**オープンデータ**を活用したりする方法がある。

- **全数調査と標本調査**…対象となる**母集団**をすべて調査する方法を**全数調査**、母集団の一部を選び出して調査し、その結果を統計学の手法で分析する方法を**標本調査**という。

- **単純集計とクロス集計**…データの集計には、ある設問の選択肢の回答数を一覧にまとめて度数や割合を比較したり平均値を求めたりする**単純集計（ＧＴ集計）**と、右表のように、2 つ以上の設問（右の例では「年代」と「興味の有無」）の回答内容を縦横でかけ合わせ、回答の属性ごとの反応の違いを把握するための**クロス集計**がある。

Q：あなたは海外旅行に興味がありますか？

		回答数	1 興味がある	2 どちらともいえない	3 興味がない
全体		398	109	185	104
年齢	10 代	94	43	40	11
	20 代	59	22	22	15
	30 代	100	29	41	30
	40 代	145	15	82	48

❸ 分析

❶相関分析

2 つの要素がどの程度同じような動きをするかを明らかにする分析方法。**散布図**（→ p.110）や**相関係数**（→ p.111）を求めて、相関関係の有無や正負、強弱を判断する。

- **相関行列**…複数のデータの相関係数を総当たりの表形式であらわしたもの。同じデータがクロスした部分の相関係数は 1 となる。

- **ヒートマップ**…相関行列の相関係数を色の濃淡で示したもの。強い相関を明るい色、弱い相関を暗い色、正の相関を暖色、負の相関を寒色で表現することが多い。

- **散布図行列**…複数のデータ間の散布図を表形式であらわしたもの。同じデータがクロスした部分はヒストグラムを表示することが多い。

▼相関行列

	A	B	C	D	E	F
1	相関行列					
2		100 M	遠投	球速	懸垂	握力
3	100 M	1.0000	-0.7585	-0.5727	-0.2629	-0.5213
4	遠投	-0.7585	1.0000	0.7725	0.2391	0.4293
5	球速	-0.5727	0.7725	1.0000	0.1434	0.4405
6	懸垂	-0.2629	0.2391	0.1434	1.0000	0.5144
7	握力	-0.5213	0.4293	0.4405	0.5144	1.0000
8						

▼ヒートマップ

	100 M	遠投	球速	懸垂	握力
100 M	1.0000	-0.5987	0.1105	0.0523	-0.3271
遠投	-0.5987	1.0000	0.6445	0.1488	-0.1487
球速	0.1105	0.6445	1.0000	-0.1846	0.2721
懸垂	0.0523	0.1488	-0.1846	1.0000	0.4817
握力	-0.3271	-0.1487	0.2721	0.4817	1.0000

▼散布図行列

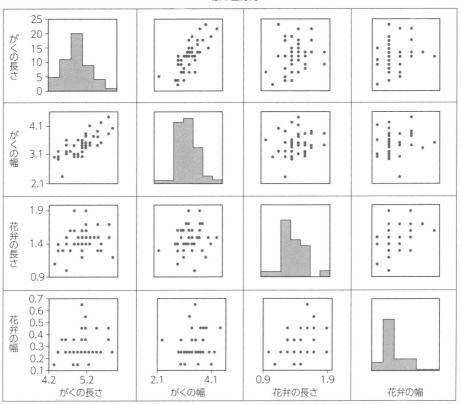

❷回帰分析

　データ間の相関関係を数式モデルにあてはめてあらわすことを回帰分析という。「回帰」とは、あることがおこなわれて、また元に戻ることをさすが、情報や統計の世界では、ある結果が、その原因(原因が1つの場合と、複数の場合がある)となるものに影響されて(影響が戻ってきて)決定されることをさす。

　複数の要素の分析から、将来的な予測をするための**回帰分析**のうち、1つの**従属変数(目的変数)** Y を1つの**独立変数(説明変数)** X で予測しようとする分析が**単回帰分析**である。

(a) **回帰直線**…2つのデータの分布の傾向をあらわす直線のことで、散布図のなかに引くことで、将来的な値の予測に利用できる。回帰直線は、**最小二乗法**によって求めることができる。

(b) **回帰方程式**…その2つの変量の間の関係性を一次関数の形であらわしたものを回帰方程式あるいは**回帰式**という。傾き a (**回帰係数**)と切片 b がわかれば、X から Y を予測することができる。

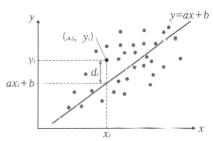

❸テキストマイニング

　テキストマイニングは**データマイニング**の1つで、**自然言語処理**の技術や**形態素解析**を応用し、大量の文章や単語から関連性を分析する技術である。文章を可視化する方法として**ワードクラウド**がある。

次の文章および表の空欄にあてはまる語句や値を答えよ。

1 量的データを 0～10、11～20、21～30 のように分けるときの各区間の名称を ［ ア ］ という。

各 ［ ア ］ に属するデータの個数を ［ イ ］ という。

最小の ［ ア ］ からそれぞれの ［ ア ］ までの ［ イ ］ の総和を ［ ウ ］ という。

各 ［ ア ］ に属する ［ イ ］ を並べた表の名称を ［ エ ］ という。

［ エ ］ のデータを、間隔をあけない縦棒グラフで表現した図の名称を ［ オ ］ という。

確率分布のうち、左右対称の釣り鐘のような形をした分布の名称を ［ カ ］ という。

2 次の文章を読み、正規分布についての説明には A、二項分布についての説明には B と答えよ。

ある試行が 2 つの結果しかないときに生じる確率の分布は ［ キ ］ である。

平均値付近のことはよく起こり、平均値から遠いとめったに起こらない傾向が読み取れるものは ［ ク ］ である。

身長やテストの得点など、多くの自然現象や社会現象のデータの分布として見られるものは ［ ケ ］ である。

試行回数 n が多ければ多いほど、正規分布に近似するものは ［ コ ］ である。

3 2 つのデータの関係性を調べるために、それぞれのデータを縦軸と横軸にとり、クロスした点をプロットしたグラフを ［ サ ］ という。［ サ ］ を用いると、点の分布の仕方で、ある程度、どんな関係があるかや、関係性の強さが判断できる。2 つのデータの関係性を ［ シ ］ という。

4 相関関係において、ある値が大きくなるともう一方の値も大きくなる場合、［ ス ］ の相関関係があるという。逆に、ある値が大きくなるともう一方の値が小さくなる場合、［ セ ］ の相関関係があるという。点のまとまりぐあいに偏りが見られない場合、2 つのデータの間は ［ ソ ］ と判断し、それぞれのデータの大小がもう一方に影響しないといえる。

5 相関関係の傾向を示す数値として、［ タ ］ がある。1 に近いほど ［ チ ］、－1 に近いほど ［ ツ ］ が強いことを示す。

6 散布図や相関係数は 2 つのデータの ［ テ ］ を示すが、一方のデータを原因、もう一方のデータを結果とする ［ ト ］ を示すものではないことに注意が必要である。

7 データの ［ ナ ］ を、箱と ［ ニ ］ で表現したグラフを ［ ヌ ］ という。

8 複数のデータの間の相関係数を総当たりの ［ ネ ］ 形式であらわしたものを ［ ノ ］ という。同じデータがクロスしている部分の相関係数は ［ ハ ］ と表示する。

9 相関行列の相関係数を色の明るさと暖色・寒色で表現したものを ［ ヒ ］ という。

 プロセスの解答

1 ア. 階級　イ. 度数　ウ. 累積度数　エ. 度数分布表　オ. ヒストグラム　カ. 正規分布　**2** キ. B　ク. A　ケ. A　コ. B　**3** サ. 散布図　シ. 相関関係　**4** ス. 正　セ. 負　ソ. 相関なし　**5** タ. 相関係数　チ. 正の相関　ツ. 負の相関　**6** テ. 相関関係　ト. 因果関係　**7** ナ. 統計量　ニ. ひげ　ヌ. 箱ひげ図　**8** ネ. 表　ノ. 相関行列　ハ. 1　**9** ヒ. ヒートマップ

10 複数のデータの間の散布図を表形式で表現したものを □ フ □ という。同じデータがクロスしている部分は □ ヘ □ を表示することが多い。

11 右の表は、ある小テストの得点のデータである。

平均値は □ ホ □ である。

中央値は □ マ □ である。

最頻値は □ ミ □ である。

名前	得点	名前	得点
A	9	E	8
B	3	F	6
C	4	G	3
D	2		

12 次の文中の空欄に適切な語句を答えよ。

データの収集において、対象となる母集団をすべて調査する方法は □ ム □ である。

母集団の一部を抽出（無作為抽出）して調査し、その結果を統計学的手法で分析する方法は □ メ □ である。

2つ以上の回答内容を縦横で掛け合わせ、回答の属性ごとの反応の違いを把握する集計方法は □ モ □ である。

散布図などを用いて、2つの要素がどの程度同じような動きをするかを明らかにする分析方法は □ ヤ □ である。

1つの従属変数（目的変数）を1つの独立変数（説明変数）で予測しようとする分析方法は □ ユ □ である。

データマイニングの1つで、大量の文章や単語から、傾向や関連性を分析する技術は □ ヨ □ である。

13 次のデータ分析に関する語句として適切なものを答えよ。

a	データ分析において、データの特徴を示す数値のこと。
b	データ全体を要約した数値で、データの傾向や特徴を示す値。平均値、中央値、最頻値がある。
c	データの合計をデータの個数で割った値。代表値だが、外れ値の影響を大きく受ける。
d	データを小さい順に並べたときに、全体の中央に位置する値のこと。メジアンともいう。
e	データの集団のなかで、最も頻繁に出現する値のこと。モードともいう。
f	データを小さい順に並べ、4等分したときの区切り値のこと。小さいほうから25%の位置を □ g □、50%の位置を □ h □ または □ i □、75%の位置を □ j □ という。
k	データの分析において、データの散らばりぐあいをあらわす値。範囲、分散、標準偏差などがある。
l	平均値と個々のデータの差を2乗した値の平均で、平均値からの離れぐあいを比較できる。
m	分散の平方根を求めたもの。分散の値をデータの単位にそろえるために用いる。
n	あるデータの集団を、平均値が □ o □、標準偏差が □ p □ になるように調整したもの。
q	データの集団のなかで、ほかのデータから大きく外れた値。□ r □ に影響する。
s	アンケートにおける無回答など、データの一部の値が不明なもの。データ処理に影響をおよぼす。

---

10 フ. 散布図行列　ヘ. ヒストグラム　**11** ホ. 5　マ. 4　ミ. 3　**12** ム. 全数調査　メ. 標本調査　モ. クロス集計　ヤ. 相関分析　ユ. 単回帰分析　ヨ. テキストマイニング　**13** a. 統計量　b. 代表値　c. 平均値　d. 中央値　e. 最頻値　f. 四分位数　g. 第1四分位数　h. 第2四分位数　i. 中央値(hとiは順不同)　j. 第3四分位数　k. 散布度　l. 分散　m. 標準偏差　n. 偏差値　o. 50　p. 10　q. 外れ値　r. 平均値　s. 欠損値

例題 22 基本統計量の求め方

➡ 基本問題 174

あるクラスの生徒 10 人の右手の握力を調べたら、次のような結果になった。以下の問いに答えよ。

生徒	A	B	C	D	E	F	G	H	I	J
右手の握力 （単位 kg）	24	19	41	26	15	24	43	32	28	24

(1) 握力データの合計値を求めよ。

(2) 握力データの平均値を求めよ。

(3) 握力データの中央値を求めよ。

(4) 握力データの最頻値を求めよ。

(5) Bさん、Cさんの握力から、それぞれ偏差を求めよ。偏差とは、個々のデータと平均値の差をさす。

(6) 10 人全員の握力データの偏差を 2 乗した平均値が 71.04 だった。この値を何というか。また、単位は何か。

(7) (6)の値の平方根をとった値を何というか。また、単位は何か。

(8) 計測に遅れてきたKさんは、右手の握力が 68kg あり、平均値に影響を与えそうな数値であった。このような数値を何というか。

考え方
(1)握力をすべて加算する。(2)合計値をデータの個数 10 で割る。(3)データを小さい順に並べたときの中央にくる値。2つある場合はその平均を取る。(24+26)÷2=25「15・19・24・24・24・26・28・32・41・43」(4)最も出現回数が多い値。(5)Bさん：19-27.6、Cさん：41-27.6。(6)データのばらつきぐあいの大きさをあらわす。2乗して正の値にすることがポイント。(7)各データと分散では単位が異なるため、データの計算がしにくいので、平方根を取って単位を戻す。(8)外れ値と欠損値をまちがえないようにする。

解答
(1)276 (2)27.6 (3)25
(4)24
(5)Bさん：-8.6 Cさん：13.4
(6)分散、kg^2
(7)標準偏差、kg
(8)外れ値

例題 23 相関分析と回帰式

あるアイスクリーム店の 2 週間の客数と最高気温の関係を調べ、表計算ソフトウェアでグラフを作成したようすである。以下の問いに答えよ。

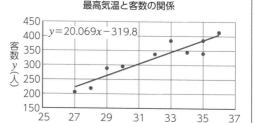

最高気温と客数の関係

(1) 右のグラフの名称を答えよ。

(2) 右のグラフは客数と最高気温の間の関係性（相関関係）をあらわしている。どのような相関があるといえるか。

(3) グラフ中の直線は最小二乗法を用いてプロット（点）の中間の近似点をつないだ線である。何というか。

(4) (3)の直線を一次関数であらわしたものが、グラフ左上の $y=20.069x-319.8$ である。この式を何というか。また、式中の変数 x および変数 y の名称、x の係数の名称を答えよ。

(5) グラフおよび式からどんなことがいえるか。

考え方
(1)2つのデータの交点をプロットし、その点の散らばりぐあいから相関を見るためのグラフ。(2)気温が上がれば客数が増加している。客数が減少していれば負の相関、点がバラバラであれば相関なしと判断する。(3)散布図のプロットに比べて、さらに直線の傾きぐあいで相関関係を判断しやすい。回帰直線の式が回帰式である。(4)(5)最高気温が 1℃上昇すると、客数が約 20 人増える正の相関関係がある。これは、常識的には因果関係（原因が気温で、結果が客数）であると考えられるが、散布図や回帰式からそれがいえるわけではない。

解答
(1)散布図
(2)正の相関がある
(3)回帰直線
(4)回帰式、x：説明変数 y：目的変数 x の係数：回帰係数
(5)最高気温が 1℃高くなると、客数が約 20 人増える傾向がある。

知識 計算 グラフ → 例題㉒
174 度数分布表とヒストグラム

次の表は、令和4年4月の神奈川県政令指定都市の区ごとの新築住宅着工戸数(総戸数)を度数分布表にまとめたものである。以下の各問いに答えよ。

A	B	C	D	E
0戸以上30戸未満	0	0	H	0.0%
30戸以上60戸未満	5	5	17.86%	17.86%
60戸以上90戸未満	F	11	21.43%	39.29%
90戸以上120戸未満	8	G	28.57%	67.86%
120戸以上150戸未満	3	22	10.71%	78.57%
150戸以上180戸未満	1	23	3.57%	I
180戸以上210戸未満	1	24	3.57%	85.71%
210戸以上	4	28	14.29%	100.0%

(令和4年度月別神奈川県内建築着工統計より)

問1 表の項目A～Eの項目名をそれぞれ次のア～カから選べ。

ア.累積度数　　イ.累積相対度数　　ウ.相対度数　　エ.段階　　オ.度数　　カ.階級

問2 表中の空欄F～Iにはいる数値を答えよ。単位もつけること。

問3 神奈川県の政令指定都市の区は全部でいくつあるか。

問4 表のなかで中央値を含むのは何戸以上何戸未満か。次のア～エから選べ。

ア.30戸以上60戸未満　　　イ.60戸以上90戸未満　　　ウ.90戸以上120戸未満

エ.120戸以上150戸未満

問5 新築住宅着工戸数が150戸以上の区は、神奈川県の政令指定都市の区全体のうち何%か。

上の表をもとに作成した次の2つのグラフを見て、問いに答えよ。

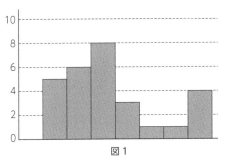

図1

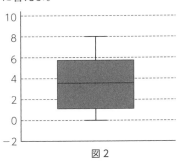

図2

問6 図1のグラフの名称を答えよ。

問7 図1のグラフの特徴について述べたものを、次のア～エから選べ。

ア.質的データの分布のようすがわかる。　　イ.量的データの分布がわかる。

ウ.四分位範囲を簡単に知ることができる。　　エ.2つのデータの分布の比較ができる。

問8 図2のグラフの名称を答えよ。

問9 図2のグラフの特徴について述べたものを、次のア～エから選べ。

ア.平均値を簡単に知ることができる。　　イ.最頻値を簡単に知ることができる。

ウ.中央値を簡単に知ることができる。　　エ.四分位範囲を知ることはできない。

175 散布図と相関関係

右のデータは、高校生 50 人の 5 教科のテストの得点を並べたものである。No. は出席番号をあらわす。この表を見て、以下の問いに答えよ。

No.	国語	英語	数学	物理	化学
1	45	42	47	49	38
2	47	52	40	51	42
3	54	52	47	50	48
4	47	47	48	48	51
5	51	55	54	53	60
6	43	47	55	59	60
46	55	56	45	44	43
47	57	54	42	38	41
48	46	48	44	47	41
49	47	49	50	50	52
50	53	52	61	58	61

問1 右のデータから、どんなことが分析できると考えられるか。正しいものを次のア～エから選べ。

　ア. 男女別に得意な教科が何かを分析する。

　イ. 次の国語のテストの平均点を予測する。

　ウ. 数学と物理の得点の間に関係があるか調べる。

　エ. 国語の得点から物理の得点を予測する。

問2 次の 5 つの散布図は右上のデータを用いて作成したものである。以下の①～⑤の文章はこの散布図からわかることを説明している。文章が正しい場合は○、誤っている場合は×と答えよ。

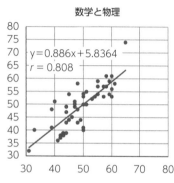

数学と物理

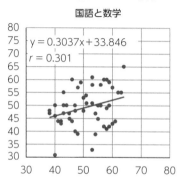

国語と数学

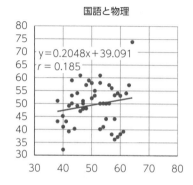

国語と物理

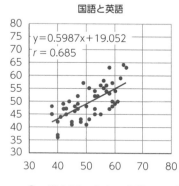

国語と英語

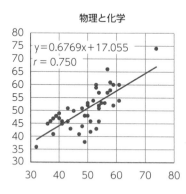

物理と化学

① 散布図のなかの直線は、プロットした点のなるべく中間を通るように引いた回帰直線である。

② 国語と数学の得点の間には、負の相関がある。

③ 最も相関が強いのは、切片が 39.091 の国語と物理の得点である。

④ 数学と物理の得点は，国語と物理の得点よりも，強い相関関係があるように見える。

⑤ 国語と英語の得点には，相関関係があるとはいえない。

問3 テストの得点データは、尺度水準で次のア～エのどれにあたるか答えよ。

　ア. 名義尺度　　イ. 順序尺度　　ウ. 間隔尺度　　エ. 比例尺度

思考 グラフ

176 データの分布 ……難易度 ★★☆

　ある年のサッカーのワールドカップにおいて、予選敗退チームと、予選を通過し、決勝トーナメントに進出したチームとの違いを分析するため、以下の項目に関するデータを表1および図1としてまとめた。図1のAについて説明した次の文章の空欄　ア　～　ウ　にあてはまる語の組み合わせとして正しいものを次の①～④のうちから選び答えよ。

　図1のAは縦軸を「　ア　」、横軸を「　イ　」とした散布図であり、それに対応した相関係数は　ウ　であらわされている。

① ア．1試合あたりのショートパス本数　　イ．1試合あたりのロングパス本数　　　ウ．か
② ア．1試合あたりのショートパス本数　　イ．1試合あたりの得点　　　　　　　　ウ．あ
③ ア．1試合あたりの得点　　　　　　　　イ．1試合あたりのショートパス本数　　ウ．え
④ ア．1試合あたりの得点　　　　　　　　イ．1試合あたりのショートパス本数　　ウ．あ

分析した項目：試合数　総得点　ショートパス成功総数　ロングパス成功総数　反則総数　決勝進出の有無

▼表1　データシート

	A	B	C	D	E	F	G	H	I	J	K
1	チームID	試合数	総得点	ショートパス本数	ロングパス本数	反則回数	決勝進出の有無	1試合あたりの得点	1試合あたりのショートパス本数	1試合あたりのロングパス本数	1試合あたりの反則回数
2	T01	3	1	834	328	5	0	0.33	278.00	109.33	1.67
3	T02	5	11	1923	510	12	1	2.20	384.60	102.00	2.40
4	T03	3	1	650	269	11	0	0.33	216.67	89.67	3.67
5	T04	7	12	2257	711	11	1	1.71	322.43	101.57	1.57

　全32チームのなかで、決勝進出チームは16チーム、予選敗退チームは16チームであった。決勝進出であれば1、予選敗退であれば0とした。また、チームごとに試合数が異なるので、各項目を1試合あたりの数値に変換した。

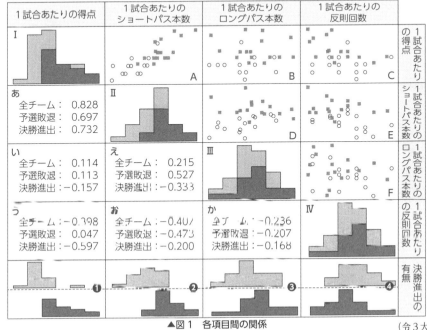

▲図1　各項目間の関係

Ⅰ～Ⅳ：それぞれの項目の全参加チームのヒストグラムを決勝進出チームと予選敗退チームとで色分けしたもの

❶～❹：決勝進出チームと予選敗退チームに分けて作成したヒストグラム

あ～か：それぞれの2つの項目の全参加チームと決勝進出チーム、予選敗退チームのそれぞれに限定した相関係数

A～F：それぞれの2つの項目の散布図を決勝進出チームと予選敗退チームをマークで区別して描いたもの

（令3大学入学共通テストサンプル問題　改）

ヒント

176　「A～F」の散布図だけでは相関がわかりにくいので、「あ～か」の相関係数も見ながら考える。

思考 **グラフ**

177 データの分析 ……難易度 ★★★

前ページの表1および図1を見て、次の各問いに答えよ。

問1 次の問い（a・b）に答えよ。

a 次の文章を読み、空欄 ［ ア ］～［ ウ ］に入れる最も適当なものをそれぞれの解答群のうちから1つずつ選べ。
［ ア ］・［ イ ］は順不同。

図1を見ると、予選敗退チームにおいてはほとんど相関がないが、決勝進出チームについて負の相関がある項目の組み合わせは、1試合あたりの ［ ア ］と ［ イ ］である。また、決勝進出チームと予選敗退チームとで、相関係数の符号が逆符号であり、その差が最も大きくなっている関係をあらわしている散布図は ［ ウ ］である。したがって、散布図の2つの記号のどちらが決勝進出チームをあらわしているかがわかった。

【［ ア ］・［ イ ］の解答群】

⓪ 得点 ① ショートパス本数 ② ロングパス本数 ③ 反則回数

【［ ウ ］の解答群】

⓪ A ① B ② C ③ D ④ E ⑤ F

b 図1から読み取れることとして**誤っているもの**を⓪～③から1つ選べ。［ エ ］

⓪ それぞれの散布図のなかで、決勝進出チームは赤い四角形（■）、予選敗退チームは白い円（○）であらわされている。

① 全参加チームを対象として見たとき、最も強い相関がある項目の組み合わせは1試合あたりの得点と1試合あたりのショートパスの本数である。

② 全参加チームについて相関係数が正である項目の組み合わせのなかには、決勝進出チーム、予選敗退チームのいずれも負の相関となっているものがある。

③ 1試合あたりのショートパス本数の分布をあらわすグラフ❷で、下の段は決勝進出チームのヒストグラムである。

問2 次の文章を読み、空欄にあてはまる値を答えよ。なお、［ オカ ］、［ クケ ］には2桁、［ キ ］には1桁の値がはいる。

図1から、1試合あたりの得点とショートパス本数の関係に着目し、さらに詳しく調べるために、1試合あたりの得点をショートパス本数で予測する回帰直線を、決勝進出チームと予選敗退チームとに分けて下の図2のように作成した。

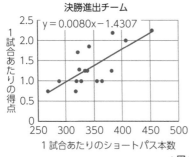

▲図2 回帰直線

この結果からショートパス100本につき、1試合あたりの得点増加数を決勝進出チームと予選敗退チームで比べた場合、0.［ オカ ］点の差があり、ショートパスの数に対する得点の増加量は決勝進出チームのほうが大きいと考えた。

また、1試合あたりのショートパスが320本のとき、回帰直線から予測できる得点の差は、決勝進出チームと予選敗退チームで、小数第3位を四捨五入して計算すると、0.0［ キ ］点の差があることがわかった。

さらに、ある決勝進出チームは、1試合あたりのショートパス本数が384.2本で、1試合あたりの得点が2.20点であったが、実際の1試合あたりの得点と回帰直線による予測値との差は、小数第3位を四捨五入した値で0.［ クケ ］点であった。

問3 次の文章の空欄 コ ・ サ にはいる適当なものを解答群のうちから選べ。 コ ・ サ は順不同。

決勝進出チームと予選敗退チームに分けて基本統計量を算出し、**表2**のような分析表を作成した。この分析表から コ と サ について正しいことが確認できる。

	A	B	C	D	E	F	G	H	I
1				決勝進出チーム				予選敗退チーム	
2	統計量	1試合あたりの得点	1試合あたりのショートパス本数	1試合あたりのロングパス本数	1試合あたりの反則回数	1試合あたりの得点	1試合あたりのショートパス本数	1試合あたりのロングパス本数	1試合あたりの反則回数
3	合計	21.56	5532.21	1564.19	41.30	11.00	4213.33	1474.33	48.00
4	最小値	0.75	268.00	74.40	1.50	0.00	185.67	73.67	1.67
5	第1四分位数	1.00	321.82	92.25	2.10	0.33	235.25	87.67	2.58
6	第2四分位数	1.25	336.88	96.02	2.40	0.67	266.83	91.67	3.00
7	第3四分位数	1.75	368.33	103.50	3.00	1.00	300.08	98.00	3.42
8	最大値	2.25	453.50	118.40	4.50	1.67	334.00	109.33	4.67
9	分散	0.23	1926.74	137.79	0.67	0.15	1824.08	106.61	0.61
10	標準偏差	0.48	43.89	11.74	0.82	0.38	42.71	10.33	0.78
11	平均値	1.35	345.76	97.76	2.58	0.69	263.33	92.15	3.00

▲表2　分析表

【 コ ・ サ の解答群】

⓪ 1試合あたりのロングパス本数のデータの散らばりを四分位範囲の視点で見ると、決勝進出チームよりも予選敗退チームのほうが小さい。

① 1試合あたりのショートパス本数は、決勝進出チーム、予選敗退チームとも中央値より平均値のほうが小さい。

② 1試合あたりのショートパス本数を見ると、決勝進出チームの第1四分位数は予選敗退チームの中央値より小さい。

③ 1試合あたりの反則回数の標準偏差を比べると、決勝進出チームのほうが予選敗退チームよりも散らばりが大きい。

④ 1試合あたりの反則回数の予選敗退チームの第1四分位数は、決勝進出チームの中央値より小さい。

問4 次の文章の空欄 シ にはいる適当なものを解答群から選べ。また、 ス ・ セソ についてあてはまる値を答えよ。

図と分析表の両方から、 シ ことが読み取れる。そこで決勝進出の有無と1試合あたりの反則回数の関係に着目し、全参加チームにおける1試合あたりの反則回数の第1四分位数(Q1)未満のもの、第3四分位数(Q3)をこえるもの、Q1以上Q3以下の範囲のものの3つに分け、それと決勝進出の有無で、**表3**のクロス集計表に全参加チームを分類した。ただし、※の箇所は値をかくしてある。

	1試合あたりの反則回数			
	Q1未満	Q1以上Q3以下	Q3を超える	計
決勝進出チーム	※	※	※	16
予選敗退チーム	2	※	ス	16
全参加チーム	8	※	7	32

▲表3　クロス集計表

決勝進出チームのうち1試合あたりの反則回数が全参加チームにおける第3四分位数をこえるチームの割合は約19%であった。また、1試合あたりの反則回数がその第1四分位数より小さいチームのなかで決勝進出したチームの割合は セソ %であった。

【 シ の解答群】

⓪ 1試合あたりの反則回数が最も多いチームは、決勝進出チームである。

① 1試合あたりの反則回数と1試合あたりの得点の間には、全参加チームにおいて正の相関がある。

② 1試合あたりの反則回数と1試合あたりの得点の間には、決勝進出チームと予選敗退チームのそれぞれで負の相関がある。

③ 図1の❹のヒストグラムでは決勝進出チームのほうが予選敗退チームより分布が左にずれている。

(令3大学入学共通テストサンプル問題　改)

データサイエンスが情報科学の新しいトレンド!?

特集

～ 統計と情報 ～

　近年、多くのデータを科学的・統計的に分析して、身の回りの問題解決に役立てるための研究をおこなうデータサイエンスという分野が注目を集めている。大学には「データサイエンス学科」が数多く誕生し、資格や検定の世界でも「統計検定」「データサイエンティスト」などの名称を目にすることが多くなってきた。コンピュータの発達やスマートフォン、センサなどの情報収集手段の多様化、ＡＩ技術の革新などにより、データを集めて分析をおこなうこと自体はほぼコンピュータの仕事になっている。しかし、データをどう分析するか、分析結果から何を判断するかは人間の仕事である。ここでは、データ分析の基本である相関分析、回帰分析を中心に見ていこう。

相関関係と因果関係

　相関関係は、２つのデータの互いの関係性を示しているのに対し、因果関係は原因から結果への一方通行的な関係性を求めている。２つのデータ間に因果関係がある場合、そこに相関関係があることが一般的である。ただし、複数の因果関係があれば、結果的に相関関係が見えなくなることはありうる。

[相関関係]

　２つのデータ間に相関関係がある場合、その関係は双方向的である。

> Ａが増えればＢも増える。Ｂが増えればＡも増える。

　この場合、どちらが原因か（あるいは原因となる第３の要素があるのか）は問わない。たとえば、暑くなるとアイスが食べたくなるが、アイスが食べたいからといって暑いわけではない。

[因果関係]

　２つのデータ間に因果関係がある場合、その関係は一方向的であることが一般的である。

> Ａが原因でＢが結果（またはＢが原因でＡが結果）である。

　たとえば、暑くなると熱中症患者が増える。熱中症患者が増えるということは、暑くなっている可能性が高い。

　「情報Ⅰ」の「データの活用」では、相関分析と回帰分析（単回帰分析）が登場する。データ処理の手法としてはどちらも似ているが、この２つは目的が違うので注意する必要がある。２つのデータ間の相関関係を調べるのが相関分析、相関関係ではなく因果関係（原因と結果の関係）を調べるのが回帰分析である。どちらも２つの量の間の直線的な関係を調べる方法である。

　回帰分析は、原因と考えられる量を横軸に、結果と考えられる量を縦軸にとって、縦軸方向の誤差ができるだけ小さくなるように近似直線を描くのが一般的である。因果関係がなくても回帰分析をしてもかまわないし、回帰分析をしたところで因果関係が証明できるわけでもない。

　因果関係の証明は単純ではない。たとえば、タバコと肺がんの相関関係は早くから知られていたが、これが因果関係かどうかについては、長い論争があった。今日では、動物実験などから、タバコが肺がんの原因であることがはっきりしている。

■ 相関分析の原理

　相関分析とは２つのデータの間に、どのような関係性があるのかをグラフや数値で表現する分析手法である。相関分析の手順は、次のようなステップになる。

ステップ① ２つのデータから散布図を作成する

　データの一方を横軸に、もう一方を縦軸に配置し、それぞれの目盛りから線をのばして交差する交点をプロットしていくと、点の散らばりぐあいやかたよりぐあいで、ある程度２つのデータに相関があるのかないのか、相関があるならば一方が増加するともう一方も増加する正の相関なのか、逆に一方が増加するともう一方が減少する負の相関なのかを目で見て判断できる。

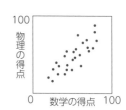

ステップ② 散布図に回帰直線を引く

散布図の傾き(右上がりなのか右下がりなのか)をさらに目で見てわかるようにするために、それぞれの点から最も近い距離を取るように直線を引く。この直線を回帰直線(あるいは回帰線)という。回帰直線を引くときは、データの誤差の2乗の和を最小にする最小二乗法という計算を用いて、傾きと切片を決定する。回帰直線は散布図の点に対して近似線(データの傾向に近い線)になる。

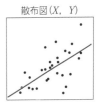

散布図(X, Y)

ステップ③ 相関関係を数値(相関係数)で表現する

2つのデータの関係性を散布図と回帰直線で表現する方法以外にも、相関係数という数値を計算し、その数値の大きさ(0〜1、−1〜0)で2つのデータの関係性を分析することもできる。

<相関係数 r の求め方>

(1)共分散を求める

共分散とは、Xの偏差×Yの偏差の平均であり、相関係数を求めるための材料だと考えればよい。

$$共分散 = (Xの偏差) \times (Yの偏差)の平均$$

(2)XとYそれぞれの標準偏差を求める

$$標準偏差 = \sqrt{\frac{1}{データの個数}\left\{(偏差1)^2 + (偏差2)^2 + \cdots\right\}}$$

(3)相関係数を求める

$$相関係数\ r = 共分散 \div (Xの標準偏差 \times Yの標準偏差)$$

なお、相関係数を2乗した値を「決定係数」(r^2であらわす)といい、決定係数が1に近いほど、回帰直線の説明力があることを意味する。分析するときの説得力があるということである。

■ 実際に相関係数を計算してみよう

(例) 5人の生徒の物理と化学の点数をそれぞれX、Yとし、生徒5人の点数および平均点、偏差を表にまとめた。このときXとYの相関係数の値を求めよ。

	X：物理の点数	Y：化学の点数	Xの偏差(点数−平均点)	Xの偏差の2乗	Yの偏差(点数−平均点)	Yの偏差の2乗
生徒a	63	58	-8.2	67.24	-11.6	134.56
生徒b	57	60	-14.2	201.64	-9.6	92.16
生徒c	91	85	19.8	392.04	15.4	237.16
生徒d	78	75	6.8	46.24	5.4	29.16
生徒e	67	70	-4.2	17.64	0.4	0.16
平均	71.2	69.6		144.96		98.64

分散

$$共分散 = \frac{\{-8.2 \times (-11.6)\} + \{-14.2 \times (-9.6)\} + (19.8 \times 15.4) + (6.8 \times 5.4) + (-4.2 \times 0.4)}{5} = 114.28$$

$Xの標準偏差 = \sqrt{Xの分散} = \sqrt{144.96} \doteqdot 12.04$ $Yの標準偏差 = \sqrt{Yの分散} = \sqrt{98.64} \doteqdot 9.93$

したがって相関係数は $r \doteqdot 114.28 \div (12.04 \times 9.93) \doteqdot 0.96$　となる。

■ 回帰分析(単回帰分析)

2つのデータについて、一方が変化したとき、もう一方がどのように変化するかを調べる方法である。因果関係があるかどうかを調べる方法ではないが、因果関係がありそうなときは、原因となるものを横軸、結果となるものを縦軸にするのが一般的である。

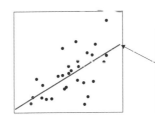

回帰直線　$Y = aX + b$
Y：Xの値によって変化する
X：Yの値に影響を与える
a：回帰係数　XがYに与える影響の大きさをあらわす

＜独立変数 X と従属変数 Y の回帰式 Y＝aX＋b の定数 a、b の求め方＞

(1)回帰係数(傾き a)…回帰係数 ＝ 相関係数 ×(従属変数 Y の標準偏差 ÷ 独立変数 X の標準偏差)

(2)切片 b…切片 b ＝ 従属変数 Y の平均 －(回帰係数 × 独立変数 X の平均)

　回帰式があらわす直線を回帰直線といい、将来の予測をグラフ化することができる。

＜決定係数＞

　決定係数(寄与率)は相関分析だけでなく、回帰分析でも用いられる。回帰分析においては、回帰式のあてはまりのよさの指標となる。相関分析のときと同じく、相関係数の2乗で求め、1に近いほど、独立変数(説明変数)が従属変数(目的変数)をよく説明できていると考える。

＜相関係数と回帰係数について＞

　相関係数は、数値の集まりのグループ A(変量1)とグループ B(変量2)の間の関係性(比例的な関係性)を示す係数で、2変量で1つの係数しか求めることができない。また、その範囲は1から－1の範囲の間の数値をとる。1に近いほど強い正の相関、－1に近いほど強い負の相関、0に近いと相関なしに近くなる。表計算ソフトウェアなどでは、CORREL(変量1 , 変量2) などの関数を用いて求めることができる。

　一方、回帰係数は、相関係数に変量1と変量2それぞれの標準偏差の比(分数)を乗じて求めるので、次のように1つの相関係数から2つの回帰係数が計算できる。

回帰係数　パターン①
(変量1が変量2に与える影響)
$相関係数 \times \dfrac{変量2の標準偏差}{変量1の標準偏差}$

回帰係数　パターン②
(変量2が変量1に与える影響)
$相関係数 \times \dfrac{変量1の標準偏差}{変量2の標準偏差}$

　たとえば100人の人たちに協力してもらい、身長(変量1)と体重(変量2)の関係を調べたとする。相関係数を調べたところ0.8となったので、やや強い正の相関があることがわかる。そのあと、遅れて1人やってきて、時間がなく身長しか測定できなかったとする。しかし、相関係数から回帰係数(パターン①)を求めておけば、測定できた身長に回帰係数(パターン①)を乗じることで、おおよその体重を予測することができる(遅れた本人からすれば、やや乱暴な話かもしれないが)。

◾ 重回帰分析(情報Ⅱの範囲)

　単回帰分析が1つの従属変数を1つの独立変数で予測するのに対し、1つの従属変数を複数の独立変数で予測しようとする分析を**重回帰分析**という。

(例)部屋の広さから家賃を予測する → 単回帰分析

　　部屋の広さ、階数、駅までの距離などから家賃を予測する → 重回帰分析

X：部屋の広さ → Y：家賃

X_1：部屋の広さ
X_2：階数
X_3：駅までの距離
→ Y：家賃

Y に影響を与える要素 X が1つの場合　　　　**Y に影響を与える要素 X が複数の場合**

　重回帰分析は単回帰分析よりも多くの要素を分析に取り入れることができ、複雑な状況に適用できるが、将来予測が難しくなる場合もあるため、単回帰分析と重回帰分析を適切に使い分ける必要がある。

仮説は本当に正しいの？(統計的仮説検定)

　問題解決の手段の1つに、仮説検証という考え方がある。仮説とは、ある現象に関する主観的な認識や予測のことをいい、仮説検証ではその仮説が客観的に正しいものであるかを、実際のデータを用いて判断する。現在では、多くのデータを分析して傾向を読み取ったり、将来的な予測をおこなったりすることは、コンピュータを活用すれば難しいことではなくなった。しかし、検証に用いるデータや方法が適切であるかしっかり見定めないと、誤った結論が原因となり、新たな問題が発生したり、現在の状況を悪化させてしまったりする場合がある。

統計学の世界では、仮説の妥当性や収集したデータ自体が本当に信頼できるものかどうかを確かめるために「検定」という手法が数多く開発されている。ここでは統計的仮説検定を紹介する。統計的仮説検定は、ある現象におけるすべての場合(母集団)を対象に調査することが現実的に難しい場合、標本調査(一部を抜き出しておこなう調査)の結果から、母集団に対して、仮説を立て、それが統計学的に正しいか検証する方法である。

統計的仮説検定の手順

統計的仮説検定では**対立仮説**(採択したい仮説、つまり正しいことを示したい仮説)と**帰無仮説**(対立仮説と相反する仮説)を立て、帰無仮説を棄却(否定)することで対立仮説の正しさを検証する。

```
対立仮説と        帰無仮説を否定する      帰無仮説のもとに、実験結
帰無仮説を設定  →  基準を設定する     →   果として得られた事象また  →
                                       はそれよりめずらしい事象
                                       が生じる確率(P値)を求める
```

P 値が有意水準を下回る場合
帰無仮説を棄却して対立仮説を採択

P 値が有意水準を上回る場合
帰無仮説は棄却できない。この場合、対立仮説を採択するかどうかは決められない

この基準を有意水準という。5% や 1% がよく使われる。

なぜ帰無仮説？

帰無仮説とは、ある仮説が正しいかどうかの判断をするためだけに立てられる仮説である。「無」に「帰」することを期待して立てられる「仮説」なので帰無仮説という。統計学の考え方では、本来証明したい自分の主張の正しさをそのまま証明するのは大変難しく、自分の主張と相反する帰無仮説が起きる確率を調べてそれを否定するほうが近道であることが多い。

また、仮説の正しさを証明、あるいは否定するときに用いる基準が有意水準である。人間は「95%くらいで起こる物事はほぼそうなる」、逆に「起きる確率が５％あるいはそれ未満の場合、ほぼありえない、物事の例外だ」という感覚をもつといわれている(物事の発生確率が正規分布になる場合)。これが、５％が有意水準で用いられる理由である。さらに精度の高い検定をおこないたい場合は１％などの有意水準を用いることもある。

実際の例で考えてみよう

あるハンバーガーショップＡ店のＭサイズのフライドポテトの内容量の公表値は135gとなっているが、店先では店舗スタッフが目分量で判断している。そこで「Ａ店のＭサイズのフライドポテトの内容量は公表値の135gではない」という仮説を立てたとしよう。この仮説が正しいかどうかを検証するには、Ａ店のＭサイズのフライドポテトの重量を調べたデータを準備し、次のような手順で検定をおこなう。

(1)対立仮説と帰無仮説を設定する　この場合は、次のようになる。

対立仮説＝「Ａ店のＭサイズのフライドポテトの内容量は公表値の135gではない」

帰無仮説＝「Ａ店のＭサイズのフライドポテトの内容量は公表値の135gのとおりである」

(2)有意水準を設定する　ここでは有意水準を5%とする。

(3)帰無仮説のもとでp値を求める　計算方法は割愛する。

(4)帰無仮説を棄却し、対立仮説を採択する　たとえば(3)で求めたp値が0.0083となった場合、この確率は有意水準である5%、0.05よりも小さいので帰無仮説を棄却し、対立仮説が正しいと判断することができる。

 帰無仮説：Ａ店のＭサイズのフライドポテトの内容量は公表値の135gのとおりである

 対立仮説：Ａ店のＭサイズのフライドポテトの内容量は公表値の135gではない

178 **ネットワークのしくみ** ……難易度 ★★★

次の、情報科の教員と高校生によるオンラインゲームについての会話を読み、それぞれの問いに答えよ。

生徒：先生、私は将来、だれでも遊べて楽しめるオンラインゲームを開発する仕事につきたいと考えています。オンラインゲームはどういうしくみでできているのですか。

教員：いい夢ですね。では、オンラインゲームのしくみを実現するにはどんなものが必要かを考えてみましょうか。

生徒：ゲームを遊ぶための端末が必要です。家庭用ゲーム機、スマートフォン、パソコンが家にある人はパソコンで遊ぶ人もいると思います。

教員：端末があればゲームがすぐ遊べるでしょうか。

生徒：昔の TV ゲームのように、①オンラインではないゲームなら、あとはゲームソフトやゲームアプリがあれば遊べますが、オンラインゲームは遊べません。外で遊ぶなら、②4 G や 5 G などの（　ア　）の契約と設定をしないと（　イ　）になってしまって遊べないし、家や屋内の場合、私たちは③Wi-Fi の電波を探して、④Wi-Fi に接続しないと、ゲームデータの通信ができないので同じく遊べません。

教員：では、端末を準備して、通信環境に接続したとしましょう。そうすればオンラインゲームはできるでしょうか。

生徒：現在、オンラインゲームには 2 つのタイプがあるように思います。⑤Web ブラウザでゲームサイトにアクセスして遊ぶタイプと、⑥アプリを入れて遊ぶタイプです。なので、遊びたいゲームによって Web ブラウザを選択するか、自分の端末にアプリを入れるかを選択する必要があります。

教員：家庭用ゲーム機で、オンラインに接続して遊ぶのは、どちらのタイプになりますか。

生徒：うーん、どちらかわかりません。

教員：家庭用ゲーム機には、決まった形式のゲームプログラムを実行するための専用のアプリがあらかじめ導入されており、その専用のアプリからゲームを実行する形が多いので、アプリを入れて遊ぶタイプにやや近いですが、新しい 3 つ目のタイプともいえますね。

生徒：なるほど。ここまでそろえばオンラインゲームで遊べますね。

教員：端末、通信環境、実行環境。たしかに 3 つそろえたとしましょう。実行環境を端末のなかに準備して、通信環境でデータのやりとりができるように設定しました。おや、あなたがゲームをプレイしたいとき、通信する相手はだれなのでしょう。

生徒：通信する相手でしょうか。

教員：ネットワーク通信ですから、あなた（の端末）とだれかがデータのやりとりをするのですよね。

生徒：相手……、対戦相手ということでしょうか。

教員：ゲームでは対戦相手がいることも楽しい要素ですね。対戦相手と、ネットワーク上で会うのはどこですか。

生徒：ゲームのなか……としかわからないです。

教員：具体的には、オンラインゲームはゲーム（　ウ　）というコンピュータに、ネットワークを介して接続することでしくみが成り立っています。

生徒：（　ウ　）というコンピュータは、情報 I の授業で勉強しました。

教員：どんなコンピュータのことだと学びましたか。

生徒：大きくて、処理速度が速くて、あとは……。

教員：きちんと定義するなら、コンピュータネットワーク上に存在していて、利用者の要求、つまり（　エ　）を受けて、それに対応したデータを提供するコンピュータやプログラムのことをさします。要求を受けてデータを返すことを（　オ　）というので、（　オ　）を提供するコンピュータが名前の由来なのですね。

生徒：そうでした。勉強したのに……。

教員：さらに、（　ウ　）に対して要求を出す側のことを（　カ　）とよびます。（　ウ　）と（　カ　）は 1 つの対になり、ネットワークのしくみの基本になります。

問1 下線部①「オンラインではない」状態でプログラムを実行することを何というか。次から選んで記号で答えよ。

① スイッチング　　　② ピアツーピア　　　③ スタンドアロン　　　④ プロトコル

問2 下線部②「4Gや5G」はスマートフォンや携帯電話などの移動通信規格をさす略語だが、「G」は何の略か。次から選んで記号で答えよ。

① Giga(ギガ・10^9倍)　② Gateway(玄関、入口)　③ Gain(獲得する、増幅)　④ Generation(世代)

問3 空欄(ア)に適した語句を、次から選んで記号で答えよ。

① Wi-Fi　　　② モバイルネットワーク通信　　　③ イーサネット　　　④ 端末割賦金販売

問4 空欄(ア)の通信とWi-Fi接続との違いについての説明として正しいものを次から選んで記号で答えよ。

① (ア)の通信は携帯電話の圏外でも使える　　② Wi-Fiはパケット通信料が発生する

③ (ア)の通信はどの会社でも無料で使える　　④ 通信料をおさえるには(ア)の通信よりWi-Fiを優先的に使う

問5 空欄(イ)に適した語句を、次から選んで記号で答えよ。

① 圏外　　② 充電切れ　　③ 電源オフ　　④ 位置情報オフ

問6 下線部③「Wi-Fi」は無線LANの規格の一種である。自宅でWi-Fiが使えるようにするために必要な機器として**不適切なもの**を選んで記号で答えよ。

① スイッチ(ハブ)　　② ルータ　　③ 中継器　　④ アクセスポイント

問7 下線部④「Wi-Fiに接続」について、**誤った説明文**を1つ選んで記号で答えよ。

① Wi-Fiのネットワーク名をSSIDという。

② Wi-Fiアクセスポイントは、通信するときにデータを暗号化する。

③ 暗号化の強度(強さ)によって、WEP、WPA、WPA2などの暗号化方式がある。

④ WEPは最新の暗号化・認証方式で、セキュリティがとても高い。

問8 下線部⑤「Webブラウザでゲーム」が実行できる環境をプログラムできるプログラミング言語を、次から選んで記号で答えよ。

① HTML　　② CSS　　③ JavaScript　　④ VBA

問9 下線部⑥「アプリを入れて」端末からプログラムを実行できる形にすることを何というか。次から選んで記号で答えよ。

① DNS　　② アップロード　　③ ダウンロード　　④ インストール

問10 空欄(ウ)に適した語句を、次から選んで記号で答えよ。

① サーバ　　② ルータ　　③ パケット　　④ インターネット

問11 空欄(エ)に適した語句を、次から選んで記号で答えよ。

① ドメイン名　　② IPアドレス　　③ リクエスト　　④ ヘッダ

問12 空欄(オ)に適した語句を、次から選んで記号で答えよ。

① Web　　② メール　　③ パケット　　④ サービス

問13 空欄(カ)に適した語句を、次から選んで記号で答えよ。

① ピアツーピア　　② クライアント　　③ サーバ　　④ サービス

問14 空欄(ウ)と空欄(カ)の間のデータ通信には、プロトコルとよばれるデータ通信の仕様を定めた規約が用いられている。プロトコルに関する次の説明文のうち、**誤っているもの**を1つ選んで記号で答えよ。

① 現在コンピュータ間のデータ通信で主流のプロトコルはTCP/IPである。

② TCP/IP階層モデルは、アプリケーション層、トランスポート層、物理層、ネットワークインタフェース層の4つである。

③ アプリケーション層はデータの処理をおこなう、ユーザに近い部分のルールである。

④ ネットワークインタフェース層はイーサネット、無線LANなどデータの送受信をおこなう、インフラに近い部分のルールである。

　次の会話は、情報科の教員と高校生がオンラインゲームについて話しているものである。この会話を読み、それぞれの問いに答えよ。

生徒：オンラインゲームをはじめ、ネットワークを活用するには、さまざまな設備や知識が必要ですね。

教員：日常生活のなかで、あたりまえのように私たちがスマートフォンなどで活用しているサービスの裏側を知ることは大変重要です。たとえば、ネットワークはさまざまな種類のサーバが24時間正常に稼働しているからこそ、私たちはネットワークの便利さを享受することができます。オンラインゲームを例にしても、このようなサーバがゲームの裏側で稼働していると考えられます。これは一例です。

Webサーバ	ブラウザやアプリの要求にしたがいデータを送信するサーバ
DNSサーバ(ネームサーバ)	（　ア　）
ゲームプログラムサーバ	ゲームのアプリケーションが稼働するサーバ
①データベースサーバ	データベース管理システムが稼働するサーバ
ファイルサーバ	ファイルの保管や共有をするサーバ

生徒：こんなにたくさんのサーバがないと、オンラインゲームで遊べないのですね。

教員：さらに細かく見ていくと、ゲームを実行するのはサーバ側なのか、クライアント側なのか、などの違いもあるので、さまざまなサービスの提供の形があります。

生徒：先生、データベースとは何ですか。

教員：単純な例で考えましょう。ゲームのなかで、あなたが敵キャラクタと戦って倒すとします。実際にコンピュータのなかでおこなわれているのはデータの更新作業です。どんなデータを使っているか考えてみましょう。

生徒：えーと、まず自分のキャラクタ、倒したい敵キャラクタ、自分の攻撃パターン、敵の攻撃パターン、戦っている場所、勝ち負けの結果、勝ったあとにもらえる戦利品とか。

教員：それらの情報はすべて下図のように、あらかじめサーバのなかに準備されているわけです。このように準備されて蓄積された情報を整理して、利用者の要求に合わせて情報を更新するシステムをデータベースというのです。

▼敵キャラテーブル

敵ID	名称	体力
1	オオカミ	300
2	おばけ	200
3	りゅうじん	500
…	…	…

▼攻撃方法テーブル

攻撃ID	攻撃	ダメージ
1	たたく	30
2	なげる	100
3	まほう	120
…	…	…

▼マップテーブル

場所ID	場所名	X座標	Y座標
1	山の上	10	10
2	森のなか	20	30
3	岩のそば	40	30
…	…	…	…

▼アイテムテーブル

アイテムID	名称	効果	数値
1	鉄の剣	攻撃	80
2	薬草	回復	180
3	胸当て	防御	50
…	…	…	…

図1　データベースの例

生徒：こんなにたくさんのデータをあらかじめ用意しておかないと、ゲームプログラムは動かないのですね。

教員：この表はあくまでデータベースの基本表で、リレーショナルデータベースの場合、**図1**のテーブルを②必要に応じて組み合わせることで、多様な情報の処理ができるようになっています。あくまでゲームの一例ですが。データベースはゲーム以外にも、私たちの生活のあらゆるところで活用されていて、データベースが稼働しなければ私たちの日常生活に大きな支障をきたすといえるのです。

問1 空欄（　ア　）に適する説明文を、次から選んで記号で答えよ。

① ドメイン名の命名規則と名前解決を、定めたプロトコルにしたがっておこなうサーバ

② データの複製を保存し、利用者の要求にしたがって代理的にデータを提供するサーバ

③ 1台の物理サーバ(機械としてのサーバ機)上に構築された複数の仮想サーバ

④ SMTP や POP などのプロトコルにしたがって電子メールを送受信するときに使われるサーバ

問2 下線部①「データベース」について、データベースの現在の主流であるリレーショナルデータベースに関する次の(1)～(2)の問いを読み、答えを記号で選べ。なお、基本表(実表)が実際のデータを表形式に蓄積したデータベースであるのに対し、仮想表(ビュー表)はデータの検索手続きを登録したものであり、データそのものが登録されているわけではない。必要なときに基本表のデータからつくられ、基本表が更新されると仮想表のデータも更新される。

(1)リレーショナルデータベースは、基本表と仮想表から構成される。基本表の用語の説明について**誤っているもの**を選べ。

① 表の全体をテーブルという。　　② テーブルの列方向をフィールドという。

③ テーブルの行方向をレコードという。　　④ レコードを識別するフィールドを外部キーという。

(2)リレーショナルデータベースの関係演算に関する次の説明について**誤っているもの**を選べ。

① 選択は表のなかから指定した条件に一致するレコードを取り出して別の仮想表をつくる。

② 検索は表のなかから指定した条件に一致するレコードを検索して元の表に貼りつける。

③ 射影は表のなかから必要なフィールドだけを取り出して別の仮想表をつくる。

④ 結合は複数の表をつなぎ合わせて新しい仮想表をつくる。

問3 下線部②「情報をさらに必要に応じて組み合わせる」について、2人の会話のなかにあったゲームの1場面「自分が敵キャラクタと戦う」処理をデータベースでおこない、ゲーム内でどこにどのような敵キャラクタがいるかを、右のような「敵配置」という新しい表にまとめた。次の(1)～(2)に答えよ。

▼敵配置テーブル

場所ID	敵ID	攻撃ID	アイテムID
1	1	1	3
2	3	2	1
3	2	3	2
…	…	…	…

(1)図1の4つの表と敵配置の表を用いて、下のような表を作成した。空欄ア～エにはいるデータ(語句)を答えよ。

▼仮想表

場所ID	場所名	敵ID	名称	攻撃ID	攻撃	アイテムID	効果
1	山の上	1	（　イ　）	1	たたく	3	防御
2	（　ア　）	3	りゅうじん	2	なげる	1	攻撃
3	岩のそば	2	おばけ	3	（　ウ　）	2	（　エ　）
…	…	…	…	…	…	…	…

(2)図1の「敵キャラ」テーブルから、データベース管理言語であるSQL言語を用いて、体力が300以上の敵キャラだけを選択して表を作成したい。正しいSQL言語のSELECT文(FROMで指定した表のSELECTで指定した列について、WHEREで指定した条件にあてはまるレコードのみを集めて表をつくる)を選べ。

▼体力300以上

名称	体力
オオカミ	300
りゅうじん	500
…	…

①
```
SELECT  名称，体力
  FROM  敵キャラ
 WHERE  体力 >= 300;
```

②
```
SELECT  名称，体力
  FROM  体力300以上
 WHERE  体力 >= 300;
```

③
```
SELECT  名称，体力
  FROM  敵キャラ
 WHERE  体力 <= 300;
```

180 データの分析 ……難易度 ★★★

次の会話は、情報科の教員と高校生がオンラインゲームについて話しているものである。この会話を読み、それぞれの問いに答えよ。

生徒：先生、オンラインゲームの裏側では、さまざまなネットワークの技術や、複雑なデータベースの技術が稼働していて、それらのシステムの上で、便利で楽しいシステムが実現していることがわかりました。

教員：オンラインゲームは今までのＴＶゲームにない新しい魅力を消費者に提供しています。一方、オンラインゲームへの依存や過熱する若年者の課金問題など、ゲーム開発者や未成年の保護者が考えなければならない問題もあります。ゲーム業界をめざしているなら、そういったこともいっしょに学んで、ゲームのせいで不幸になる子どもたちがあらわれない時代をつくってほしいですね。

生徒：わかりました。技術的な勉強だけでなく、オンラインゲームが私たちの社会にもたらす影響についても、詳しく調べていきたいと思います。

教員：ちょうど、授業の課題研究のテーマ設定の時期でしたね。オンラインゲームの影響やゲーム業界の現状について、統計データから分析してプレゼンテーションをおこなうのはどうでしょう。

生徒：統計データから、ですか。

教員：何かを調べて発表するとき、客観的なデータを統計処理で分析して発表できると、説得力がぐんと増します。表計算ソフトウェアや統計処理の機能がそろったプログラム言語を活用すると、パソコンでも十分な統計処理ができますよ。まずはWebサイトで、統計処理に活用できそうなデータを探してみましょう。

生徒：わかりました。

（数日後）

生徒：先生、こんなデータを見つけました。

▼デジタル系分野の市場規模 （単位：億円）

年	オンラインゲーム	電子出版	音楽配信	動画配信	その他
2013	8,423	938	416	597	646
2014	12,045	1,276	431	630	723
2015	12,647	1,771	471	650	796
2016	13,090	2,151	529	1,153	859
2017	14,072	2,587	573	1,319	928
2018	14,494	2,783	645	1,477	984
2019	13,914	3,355	706	2,404	1,043
2020	14,957	4,569	783	3,200	1,105
2021	16,127	5,676	895	3,791	1,171

経済産業省「電子商取引に関する市場調査」より

教員：オンラインゲーム市場を含むデジタル系分野の電子商取引の推移ですね。電子出版や動画配信の市場規模も含まれていますね。

生徒：動画配信市場とオンラインゲーム市場は関係が深いのではないでしょうか。

教員：なぜですか。

生徒：私たちゲーム好きな学生のなかには、ゲームのじょうずな人が、プレイのようすを配信する実況動画を見るのが好きな人が多いのです。

教員：なるほど、①ゲーム実況動画は著作権的には慎重に考えなければいけませんが、2つの市場に関係があるという②あなたの仮説は、統計を使って検証することができるかもしれません。

生徒：まずはどんなことからすればいいですか。

教員：データは時系列に並んでいますから、グラフをつくってみましょう。どんなグラフにしますか。

生徒：折れ線グラフではどうでしょう。

教員：よいと思います。

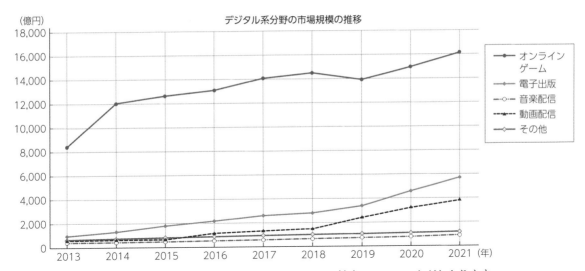

（億円）

デジタル系分野の市場規模の推移

生徒：時系列を折れ線グラフにすることで、市場規模がどのように拡大しているのかがわかります。

教員：ただし、（　ア　）市場の規模がかなり大きいため、グラフの表現としては（　ア　）以外の市場の推移がグラフ下方に集中してしまい、わかりにくくなっています。やや複雑なグラフですが、散布図相関行列グラフ（散布図マトリックス）をつくって、その他を除く4つの市場の相関関係を一度に比較できるようにしてみましょう。

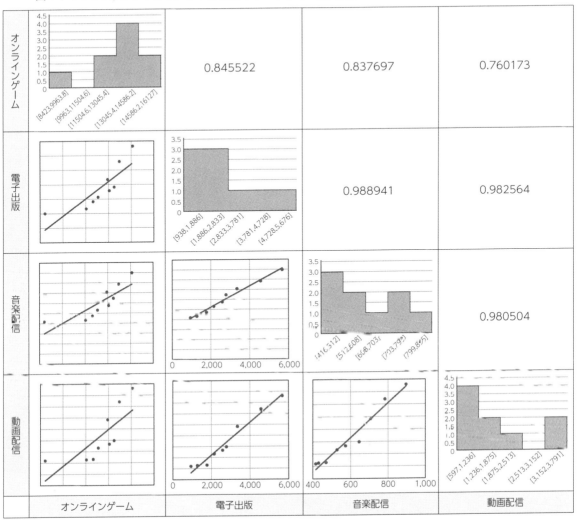

生徒：さまざまな情報がコンパクトに詰めこまれたグラフになりましたね。

教員：1つのグラフだけでなく、複数のグラフを並べて比較することで見えてくることもありますね。

生徒：このマトリックス表の右上のあたりには数値がはいっています。この数値は何ですか。

教員：2つの市場規模の間の相関関係の正負や強さを示す（　イ　）ですね。

生徒：左下のあたりは、それぞれ縦軸と横軸を示して、対応した散布図を配置しているのがわかります。同じ市場の項目のところは縦棒グラフのようなものがありますね。

教員：それは縦棒グラフではなく（　ウ　）ですね。③データの集団を一定の範囲ごとに区分けしてデータ数をカウントしたものをグラフにしたものです。

生徒：ではこれから課題研究の発表まで、このグラフをしっかり分析したいと思います。

教員：すばらしい発表と、すばらしいゲームを開発できるように期待しているよ。

問1　2人の会話のなかで、生徒が調べてきた経済産業省「電子商取引に関する市場調査」について、この市場規模を示す金額のデータは、尺度水準で次のどれにあてはまるか。正しいものを選んで記号で答えよ。

①　名義尺度　　　②　順序尺度　　　③　間隔尺度　　　④　比例尺度

問2　下線部①「ゲーム実況動画は著作権的には慎重に考えなければいけません」とあるが、問題点を示した次の文を読み、**誤っているもの**を選んで記号で答えよ。

①　ゲームプログラムには著作権があるので、制作会社の許諾なく配信や実況は好ましくない。

②　ゲーム動画の配信や実況を通して、動画閲覧者から金品を集めるのは頒布権の侵害になりかねない。

③　ゲームの攻略法を公開することはゲームの商品価値の低下につながるので慎重になるべきである。

④　ゲームプログラムには著作権があるが、お金を払って買ったゲームならいくらでも配信してよい。

問3　下線部②「あなたの仮説」について、問題文の生徒が立てた仮説として正しいものを選んで記号で答えよ。

①　オンラインゲームの市場規模と動画配信の市場規模の間には正の相関がある。

②　オンラインゲームの市場規模がのびれば、動画配信の市場規模ものびる。

③　動画配信の市場規模がのびれば、オンラインゲームの市場規模ものびる。

④　オンラインゲームの市場規模と動画配信の市場規模の間には負の相関がある。

問4　空欄（　ア　）に適した語句を、次から選んで記号で答えよ。

①　オンラインゲーム　　　②　電子出版　　　③　音楽配信　　　④　動画配信

問5　空欄（　イ　）に適した語句を、次から選んで記号で答えよ。

①　分散　　　②　偏差　　　③　回帰係数　　　④　相関係数

問6　空欄（　ウ　）に適した語句を、次から選んで記号で答えよ。

①　ピクトグラム　　　②　ヒストグラム　　　③　マトリックス　　　④　ガントチャート

問7　下線部③「データの集団を一定の範囲ごとに区分けしてデータ数をカウントしたもの」を何とよぶか、正しいものを選んで記号で答えよ。

①　度数集計表　　　②　クロス集計表　　　③　度数分布表　　　④　新旧対照表

問8　文中の散布図相関行列グラフを見て、正しいものを1つ選んで記号で答えよ。

①　オンラインゲームと動画配信の市場規模の相関が最も強い。

②　電子出版と音楽配信の市場規模の相関は強くない。

③　オンラインゲームの市場規模と最も相関が強いのは電子出版の市場規模である。

④　オンラインゲームの市場がさらにのびれば、電子出版の市場規模はさらに拡大する。

☑ セルフチェックシート

第4章 ネットワークとデータの活用

節	目標	関連問題	チェック
1	LAN と WAN の違いがわかる。	143	
	Wi-Fi と携帯電話回線の違いがわかる。	178	
	IP アドレスを知っている。	144・154	
	グローバル IP アドレスとプライベート IP アドレスの違いがわかる。	143・144・145	
	LAN の構成を考えることができる。	156・159	
	プロトコルとは何かわかる。	146・157・178	
	メールをやりとりするときの、サーバの役割がわかる。	147	
	DNS の役割がわかる。	148・179	
	URL のあらわす内容を理解している。	149	
	パケット交換方式の特徴を理解している。	150	
	ルーティングとは何かわかる。	155	
	パリティビットの考え方がわかる。	158	
	シーザー暗号をつくったり解読したりできる。	151	
	SSL/TLS のしくみがわかる。	160	
	ブロックチェーンということばを知っている。	152	
	共通鍵暗号方式と公開鍵暗号方式の違いがわかる。	153	
	デジタル署名について知っている。	161	
2	質的データと量的データの区別ができる。	162・167	
	尺度水準の区別ができる。	163・180	
	データモデルということばの意味がわかる。	164・168	
	データベースに関係する用語の意味がわかる。	165・169・179	
	射影、選択、結合がどのような操作をあらわすかがわかる。	166・169・170 172・173・179	
	データベースを操作して、あたらしい表ができることがわかる。	171・172・173	
	簡単な SQL がわかる。	179	
3	度数分布やヒストグラムを読み取ることができる。	174	
	散布図から相関関係を読み取ることができる。	175・177	
	散布図行列が何をあらわしているかわかる。	176・180	
	回帰直線を読み取ることができる。	177・180	
	複雑なデータ表から統計量を読み取ることができる。	177	

※赤の問題番号は、章末問題。

大学入学共通テスト対策問題

第1問　次の問い（問1～4）に答えよ。

問1　次の問い（a・b）に答えよ。

a　コンピュータにパスワードを設定する。してはいけないことを次の⓪～④のうちから3つ選べ。ただし、解答の順序は問わない。 ア ・ イ ・ ウ

⓪　誕生日や電話番号など、思い出しやすい数字をパスワードに設定する。

①　設定したパスワードは、忘れてはいけないので、紙に書いてコンピュータに貼っておく。

②　ほかの人からわかりにくい英数字をパスワードに設定する。

③　パスワードを書いたものは、すぐに人から見られないところに保管しておく。

④　パスワードはなるべく少ない文字数にして入力しやすいようにする。

（P検情報モラルテスト）（情報デザイン　初級　サンプル問題）

b　次の情報モラルに関する記述で、適切なものを次の⓪～③のうちから1つ選べ。 エ

⓪　「ある銀行の経営が危ないから、できるだけ多くの人に知らせてほしい」という内容の電子メールが届いたので、複数の知り合いに電子メールで知らせた。

①　インターネットの電子掲示板などは、自分の名前やプロフィールを非公開にして匿名で参加することができるが、匿名で他人を誹謗（ひぼう）したり中傷（ちゅうしょう）したりすることは避けるべきである。

②　自転車で通学しているが、自宅の近所は人通りがほとんどないので自転車を運転しながら、部活の連絡がきていないかスマートフォンを確認している。

③　鮮明できれいなハイビジョン動画を撮影した。ファイル容量は1ギガバイトと大きかったが、そのままメールに添付して友人に送った。

（令4高崎健康福祉大　改）

問2　次の問い（a・b）に答えよ。

a　著作権に関する次の記述のうち、適切なものを次の⓪～③のうちから1つ選べ。 オ

⓪　著作権を取得するには、その著作物を創作したことを文化庁に申請しなければならない。

①　著作権および著作者人格権を譲渡するには、登録しなければならない。

②　著作権者が死亡したあと、その著作権を相続するものがいない場合でも、著作権はすぐには消滅しない。

③　著作権者は、その著作物について創作年月日を文化庁に登録すると、©マークを受けることができる。

b　著作権の制限に関する次の記述のうち、適切なものを次の⓪～③のうちから2つ選べ。ただし、解答の順序は問わない。 カ ・ キ

⓪　私的使用を目的とするときは、原則として著作権者の許諾（きょだく）がなくとも、著作物を複製することができる。

①　チャリティーコンサートの入場料は寄付金なので、非営利目的の演奏となり、著作権者に無断で演奏できる。

②　高等学校の教師が、期末試験の出題に使うため、個人的に購入した問題集に掲載されている問題を丸写しすることは、複製権侵害となる。

③　コピーガードが施されたDVDを、自分でコピーガードを解除して複製することは、私的使用のためであっても著作権の侵害になる。また、ほかの人によってすでにコピーガードが解除されていることを知りながらこれを複製することも、同じように著作権の侵害になる。

問3　次の文は、プレゼンテーションの資料を作成する場合に用いる図について説明したものである。内容を表現する図として最も適切なものを、あとの解答群のうちから1つずつ選べ。

・一連の流れやプロセスをあらわすことができる。　ク

・一連のプロセスが繰り返されるステップをあらわすことができる。　ケ

・各階層の比例関係と階層関係をあらわすことができる。　コ

・集合の関係性をあらわすことができる。　サ

【　ク　〜　サ　の解答群】

⓪

```
A → B → C
```

①

```
   A
  B
 C
D
```
(ピラミッド図)

②

```
      A
    /   \
   B     E
  / \     \
 C   D     F
```

③

```
   A
 ↗   ↘
D     B
 ↘   ↙
   C
```

④

```
A | B
--+--
C | D
```

⑤

(ベン図: A, C, B の3つの円の集合関係)

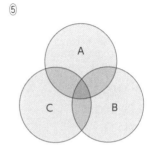

問4　次の文章の空欄　シ　・　ス　・　セ　に入れるのに最も適切な語句を、あとの解答群のうちから1つずつ選べ。

コンピュータシステムにはソフトウェア提供時に発見されていない脆弱性(セキュリティホール)が存在している場合がある。脆弱性が発見されると、メーカーは対策として修正プログラムを配布するが、修正プログラムが配布されるまでの間にしかける　シ　攻撃がある。

また、メールを大規模に送信したり特定のWebサイトに一斉に接続を試みたりすることで、通信過多による機能不全を引き起こす　ス　攻撃は、複数のコンピュータを事前に乗っ取ってネットワーク化した　セ　で遠隔操作しておこなわれることが多い。

【　シ　〜　セ　の解答群】

⓪　DDoS　　①　IPスプーフィング　　②　クロスサイトスクリプティング　　③　ゼロデイ

④　トラッシング　　⑤　ボットネット

(令4前期　情報活用試験1級)

第2問 次の先生と生徒（Ⅰさん）の会話文を読み、空欄 ア ～ サ にあてはまる数字をマークせよ。

Ⅰさん：先生、スマホの設定画面を見ていたら、ネットワークの設定項目にIPアドレスとサブネットマスクがあって、それぞれ192.168.0.5、255.255.255.240と表示されていました。IPアドレスはスマホに割りあてられた番号だとわかったんですが、サブネットマスクって何ですか？

先生：よい質問ですね。サブネットマスクは、IPv4アドレスを使用する際にネットワークの範囲を指定するために使用しているものです。今からくわしく説明するので、まずはそれぞれの値を2進法の表記に変換してみてください。

```
11000000    .    ア    .    00000000    .    00000101
  イ        .    イ    .    イ          .    11110000
```

【 ア の解答群】
- ⓪ 10101000
- ① 10111000
- ② 10101001
- ③ 11101000

【 イ の解答群】
- ⓪ 11111000
- ① 11111100
- ② 11111110
- ③ 11111111

Ⅰさん：2進法で表記したらこうなりました。

先生：よくできましたね。ちなみにサブネットマスクはIPv4アドレスをネットワーク部とホスト部を識別するためにあるんです。

Ⅰさん：2進法で表記したときの、すべてが1の部分と、0の部分で分けているんですね。

先生：その通り。そして、この場合は0の部分が ウ ビットあるから全部で エオ 通りなのですが、すべてのビットを0にしたものはネットワークアドレス、すべてのビットを1としたものはブロードキャストアドレスとして使用されています。つまり、 エオ － 2通りで、スマホやパソコンなどは カキ 台接続できるネットワークなんですね。

Ⅰさん：でも今どき カキ って少ないですよね。家族全員のスマホや、テレビ、冷蔵庫もネットワークに接続する時代なんだから、せめて62台くらいは接続できるネットワークを使いたいです。

先生：なるほど。62台ならネットワークアドレスとブロードキャストアドレスの分を足して、ちょうど クケ 台になるから、 コ ビット必要ですね。当然 ウ ビットでは足りないので、サブネットマスクを変更する必要があります。

Ⅰさん：わかりました。サブネットマスクを サ にすればよいのです。

【 サ の解答群】
- ⓪　255.255.255.192
- ①　255.255.255.224
- ②　255.255.255.240
- ③　255.255.255.248

第3問 次の問い(問1〜4)に答えよ。

問1 次の文中の空欄 ア 、 イ にあてはまる適切な語句を、あとの解答群のうちから1つずつ選べ。

コンピュータのカタログには、コンピュータの特徴や性能を示すためにハードウェアの仕様が記載されている。そこには、CPU や、主記憶装置、補助記憶装置などについて書かれている。たとえば、CPU については ア が書かれており、単位は Hz(ヘルツ)である。また、主記憶装置、補助記憶装置には容量が書かれており、単位は イ である。

【 ア ・ イ の解答群】

⓪ 動作周波数　　① 回路図　　② B　　③ C　　④ m　　⑤ ms

問2 次の文中の(a)、(b)にあてはまる適切な数を答えよ。空欄 ウ 〜 カ にはそれぞれ0〜9の1桁の数がはいる。( )にあてはまる数が1桁の場合は、先頭に0を入れる。

47 の都道府県を区別するために、2進法で符号化したい。コードの長さはすべての県で同じとする。このとき1つの県をあらわすのに最低でも(a)(ウ エ)ビットが必要になる。また、新しく都道府県を設けることになった場合、追加できる都道府県の数は(b)(オ カ)である。

問3 次の文中の( )にあてはまる適切な数を答えよ。空欄 キ 〜 ケ にはそれぞれ0〜9の1桁の数がはいる。( )にあてはまる数が1桁ないし2桁の場合は、先頭に0を入れる。

1 フレームあたりのデータ量が 1MB で、1秒あたり 60 フレームの動画の形式を用いた場合、30GB の動画ファイルの再生時間は(キ ク ケ)秒である。ただし 1GB=1024MB とし、圧縮については考えないものとする。

問4 次の文中の(a)、(b)にあてはまる適切な数を答えよ。空欄コ〜シにはそれぞれ0〜9の1桁の数がはいる。( )にあてはまる数が1桁の場合は、先頭に0を入れる。

日本語で使われる文字は、UTF-8 というエンコーディングを用いると、おおむね1文字が3バイトであることがわかっている。また、朝刊の新聞1部には、おおむね 12000 文字の記事が掲載されている。このとき、文字情報だけを考えると新聞1部には(a)(コ サ)kB の情報が掲載されていることになる。また、256GB の USB メモリには、新聞約(b)(シ)百万部の文字情報が格納できることになる。ただし、1kB = 1000B、1GB = 10^9B とし、[シ]は小数第1位を四捨五入して整数にすること。

問5 日本には、人口の集中している都市部と、そうでない地域がある。右の表は日本の 47 都道府県ごとの都市部のデータと、あるカフェチェーン「SB コーヒー」の都道府県ごとの店舗数をまとめたものである。次の問い(a 〜 c)に答えよ。

都道府県	都市部の人口 (千人)	都市部の面積 (km²)	都市部の人口密度 (人/km²)	SB コーヒーの 店舗数
北海道	4,077	799.3	5,101	48
青森県	632	160.1	3,950	11
...				
鹿児島県	681	127.0	5,364	11
沖縄県	931	130.9	7,109	30

a　この表からわからないことを次の解答群から選べ。　ス

【　ス　の解答群】

⓪　各都道府県の人口　　　　　①　日本の都市部の合計人口　　　　②　鳥取県の都市部の人口

③　沖縄県の都市部の人口密度　　④　青森県の SB コーヒーの店舗数

b　この表から、横軸を各都道府県の店舗数、縦軸を都道府県数としてヒストグラムを作成したところ、次のグラフになった。最頻値のある階級を次の解答群から選べ。　セ

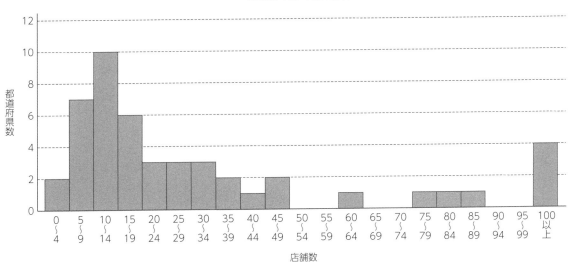

店舗数に対する都道府県数

【　セ　の解答群】

⓪　0~4　　　①　10~14　　　②　50~54　　　③　60~64　　　④　100 以上

c　この表から、横軸を都市部の人口密度、縦軸を SB コーヒーの店舗数として散布図を作成したところ、次のようになった。また、このデータから回帰直線を求めたところ、$y=0.03 \times x-126$ という式が得られた。それを直線で示している。

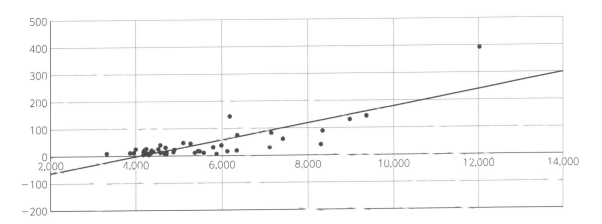

　もし、都市部の人口密度が 10,000 人 /km² の都市があった場合、SB コーヒーの店舗数はいくつになるか。回帰直線より求めると（　ソ　タ　チ　）店舗となる。空欄　ソ　～　チ　にはそれぞれ 0 ~ 9 の 1 桁の数がはいる。求められた店舗数が 1 桁ないし 2 桁の場合は，先頭に 0 を入れる。

第4問 次の文章を読み、あとの問い(問1〜3)に答えよ。

問1 次の生徒KさんとMさんの会話と文章の空欄 ア 〜 オ に入れるのに最も適切なものを、あとの解答群のうちから1つずつ選べ。

Kさん：数学の素因数分解が苦手なんだよね。「51」が素数に思えてしまうから、よくまちがえるんだ。

Mさん：素数はある程度覚えておいたほうが、計算が楽だよね。先生は100以下の素数を覚えているといっていたけど、いったい何個あるんだろう。

Kさん：えっと、素数の定義は「1と自分以外で割れない自然数」だから、2、3、5、7、11……たくさんありすぎて考えるのが大変だ！

Mさん：じゃあプログラムをつくって判断させてみようか。どうやって考えたらいいのかな？

Kさん：調べる数を x として、x を2から ア まで順番に割ってみて、割り切れたら素数ではないと判定すればいいよね。

Mさん：「割り切れる」は、割った余りが0であるということだね。余りを求める演算子の「％」を使ってみよう。それで、ある自然数が素数かどうかを判定するプログラムを考えてみよう。

KさんとMさんは、変数 x に自然数を代入して、それが素数かどうかを判別するプログラムを考えてみた(図1)。ここでは例として x に 51 を代入した。

```
(1)  x = 51
(2)  i を 2 から  ア  まで1つずつ増やしながら繰り返す：
(3)  │ もし  イ  ならば：
(4)  └ └ 表示する( x , " は素数ではない " )
```

図1 素数ではないことを判別するプログラム

作成したプログラムを実行させてみると、「51 は素数ではない」と表示された。ほかに、(1)行目に 20 や 100 などを代入して試してみても「素数ではない」と表示され、一見うまくいったように思えたが、何度も素数ではないと表示されてしまった。また、素数の 11 を代入した場合は ウ 。

【 ア の解答群】

⓪ x   ① x - 1   ② i   ③ i - 1

【 イ の解答群】

⓪ i % x == 0   ① i % x != 0   ② x % i == 0   ③ x % i != 0
　※『==』は「等しい」、『!=』は「等しくない」を意味する。

【 ウ の解答群】

⓪ 「11 は素数ではない」と一度表示された   ① 「11 は素数ではない」と何度も表示された

② プログラムが動かなかった   ③ 何も表示されなかった

Kさん：このプログラムでも判定はできるけど、スマートではないね。もう少し別の方法で考えてみようか。

Mさん：何度も「素数ではない」と表示されるのは、繰り返しの途中でストップしないからだね。1つでも割り切れてしまったら素数にはならないので、割り切れたらすぐに終了させたいな。繰り返しから抜けるために エ を入れるといいね。

Kさん：あと、1つも割り切れなかったら「素数である」ことを表示させたいね。判定のための変数 hantei に文字を代入してみよう。

KさんとMさんは、あらたに改善を加えたプログラムを考えた(図2)。ここでも x には 51 を代入した。

```
(1)   x = 51
(2)   i = 2 , hantei = "true"
(3)   i <=  ア  の間繰り返す：
(4)       もし  イ  ならば：
(5)           hantei = "false"
(6)            エ
(7)       そうでなければ：
(8)            オ
(9)   表示する( hantei )
```

図2　素数かどうか判別するプログラム

図2を実行すると、51 の場合は「false」と表示され、11 の場合は「true」と表示された。また、何度も表示されることはなく、一度ずつ表示された。

Mさん：うまくいったね。これでどんな大きい自然数でも判定できるね。いろいろな数で実行してみよう。401……これは素数だ！

Kさん：おもしろいね。もっと大きな数で試してみよう。

【 エ ・ オ の解答群】

⓪　x = i　　　①　i = x　　　②　i = i + 1　　　③　x = x + 1

問2 次の文章の空欄 カ ・ キ に入れるのに最も適切なものを、あとの解答群のうちから1つずつ選べ。

Kさん：……　103,867,111、これも素数だね。でもなんだか最初よりも結果が表示されるのが遅い気がするよ。

Mさん：2から1ずつ増やしながら、1億回以上判定しているからかな。そもそも、そんなにたくさん判定する必要ってあるのだろうか？

Kさん：まずは、偶数にはならないから、2の倍数を判定する必要はないね。判定の回数は半分に減るよ。iを3からスタートさせて奇数だけ判別するために、(8)行目の処理は カ に変えよう。

Mさん：401の場合は399や400で割り切れるわけがないから、そこまで数を増やす必要ないよね。素数でなければ平方根以下で割り切れるはずだから、$\sqrt{401}$までで十分じゃないかな？$\sqrt{401}$は$401^{\frac{1}{2}}$とも表現できるよ。

Kさん：べき乗の記号は「**」だったよね。x^3の場合は「x ** 3」だから、平方根なら キ まで繰り返せばいいね。早速プログラムを修正してみよう。

```
(1)  x = 103867111
(2)  i = 3 , hantei = "true"
(3)  i <=  キ  の間繰り返す：
(4)  │   もし  イ  ならば：
(5)  │   │    hantei = "false"
(6)  │   │     エ
(7)  │   そうでなければ：
(8)  └   └     カ
(9)  表示する( hantei )
```

図3　効率的に素数かどうか判別するプログラム

【 カ の解答群】

⓪ i = i　　　　　① i = i + 1　　　　　② i = i + 2　　　　　③ i = i + 3

【 キ の解答群】

⓪ x ** 0　　　　　① x ** 1　　　　　② x ** 2　　　　　③ x ** 0.5

問3　次の文章の空欄　ク　～　コ　に入れるのに最も適切なものを、あとの解答群のうちから1つずつ選べ。

　　KさんとMさんは、できあがったプログラム（図3）を関数にして、素数を配列におさめていくことにした。

【関数の説明と例】

素数判定（自然数）……引数として「自然数」が与えられ、その自然数が素数であれば true、素数でなければ false が戻り値となる関数。

　　例　51 は素数ではないので素数判定 (51) の値は false になり、素数判定 (103867111) の値は true となる。

Kさん：配列におさめておけば、ほかのことにも使えるね。配列 Sosu[0] から順に 2、3、5、7、11、……とおさめていこう。ひとまず 100 個分の素数をすべて配列 Sosu に格納する方法を考えよう。

Mさん：配列 Sosu の初期化のために、いったん、100 個分の場所を空にしよう。

Kさん：x を 1 ずつ増やしながら、素数だったら配列 Sosu に順番に格納していくんだね。それを 100 番目まで繰り返していこう。

```
(1)   count = 0 , x = 2
(2)   Sosu[0] から Sosu  ク  までのすべての値を "" にする
(3)   count < 100 の間繰り返す：
(4)   │   もし 素数判定 ( x ) == "true" ならば：
(5)   │   │   ケ
(6)   │   │   count = count + 1 , x = x + 1
(7)   │   そうでなければ：
(8)   └   └   コ
(9)   表示する (Sosu)
```

図4　素数を配列に格納するプログラム

【　ク　の解答群】

⓪　[x]　　　　①　[count]　　　　②　[99]　　　　③　[100]

【　ケ　の解答群】

⓪　Sosu[i] = x　　　①　Sosu[x] = x　　　②　Sosu[count] = x　　　③　Sosu[count + 1] = x

【　コ　の解答群】

⓪　count = count + 1　　　①　count = count + x

②　x = x + 1　　　③　count = count + 1, x = x + 2

第5問 次の文章を読み、あとの問い（問1〜5）に答えよ。

　次の表1は、国が実施した生活時間の実態に関する統計調査をもとに、15歳以上19歳以下の若年層について、都道府県別に平日1日のなかで各生活行動に費やした時間（分）の平均値を、スマートフォン・パソコンなどの使用時間をもとにグループに分けてまとめたものの一部である。ここでは、1日のスマートフォン・パソコンなどの使用時間が1時間以上3時間未満の人を表1−A、6時間以上12時間未満の人を表1−Bとしている。

表1−A：スマートフォン・パソコンなどの使用時間が1時間以上3時間未満の人の生活行動時間に関する都道府県別平均値

都道府県	睡眠（分）	身の回りの用事（分）	食事（分）	通学（分）	学業（分）	テレビ・ラジオ・新聞・雑誌（分）	休養・くつろぎ（分）	学習・自己啓発・訓練（学業以外）（分）	趣味・娯楽（分）	スポーツ（分）
北海道	480	95	87	54	428	33	75	58	16	25
青森県	472	67	111	40	434	59	52	26	31	74
茨城県	460	78	84	98	422	59	77	39	46	32
栃木県	444	99	92	64	407	35	102	8	43	46

表1−B：スマートフォン・パソコンなどの使用時間が6時間以上12時間未満の人の生活行動時間に関する都道府県別平均値

都道府県	睡眠（分）	身の回りの用事（分）	食事（分）	通学（分）	学業（分）	テレビ・ラジオ・新聞・雑誌（分）	休養・くつろぎ（分）	学習・自己啓発・訓練（学業以外）（分）	趣味・娯楽（分）	スポーツ（分）
北海道	450	70	75	71	315	17	206	57	63	17
青森県	444	74	93	60	374	15	177	1	140	36
茨城県	452	72	101	70	270	21	229	18	99	9
栃木県	481	81	80	40	339	58	214	6	69	10

（出典：総務省統計局の令和3年社会生活基本調査を一部改変）

　情報Ⅰの授業で生徒たちは、表1−Aをスマートフォン・パソコンなどの使用時間が短いグループ、表1−Bをスマートフォン・パソコンなどの使用時間が長いグループと設定し、これらのデータから、スマートフォン・パソコンなどの使用時間が、生活行動に費やす時間にどのような影響をおよぼすのか、その関係について分析してみることにした。ただし、表1−Aおよび表1−Bにおいて、項目のデータに欠損値がある場合は、それらの都道府県を除外したものを全体として考える。なお、以下において、データの範囲については、外れ値も含めて考えるものとする。

問1　生徒たちは、これらのデータから次のような仮説を考えた。表1−A、表1−Bのデータだけからは分析できない仮説を、次の⓪〜③のうちから1つ選べ。 　ア

⓪　若年層でスマートフォン・パソコンなどの使用時間が長いグループは、使用時間が短いグループよりも学業の時間が短くなる傾向があるのではないか。

①　若年層でスマートフォン・パソコンなどの使用時間が短いグループに注目すると、食事の時間が長い都道府県は、休養・くつろぎの時間が短くなる傾向があるのではないか。

②　若年層でスマートフォン・パソコンなどの使用時間とスポーツの時間の長さは関係ないのではないか。

③　若年層でスマートフォン・パソコンなどの使用時間が長いグループに注目すると、スマートフォン・パソコンなどを朝よりも夜に長く使っている傾向があるのではないか。

問2 生徒たちは表1−A、表1−Bのデータから、学業の時間とスポーツの時間に注目し、それぞれを図1と図2の箱ひげ図(外れ値は・、平均値は×で表記)にまとめた。これらから読み取ることができることとして最も適切なものを、次の⓪～③のうちから1つ選べ。 **イ**

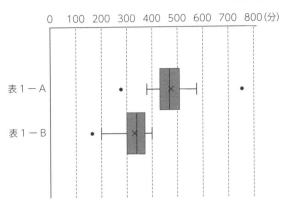

図1 学業の時間の分布　　　　　図2 スポーツの時間の分布

⓪ 学業の時間が300分未満の都道府県は、外れ値を除くと、表1−Aも表1−Bもない。

① 学業の時間が400分以上である都道府県の数を見たとき、表1−Aのほうが表1−Bよりも多い。

② スポーツの時間が20分以上ある都道府県は、表1−Aでは75%以上を占めるが、表1−Bにおいても25%以上ある。

③ 都道府県別の学業の時間とスポーツの時間を比較したとき、表1−Aと表1−Bの中央値の差の絶対値が大きいのはスポーツの時間のほうである。

問3 生徒たちは、スマートフォン・パソコンなどの使用時間の長さの違いが、学業の時間とスポーツの時間のどちらに大きく影響しているかについて調べることにした。そのために、都道府県ごとに学業の時間とスポーツの時間のそれぞれにおいて、表1−Aの値から表1−Bの値を引いた差について考え、その結果を図3の箱ひげ図(平均値は×で表記)であらわした。図3について述べたこととしてA～Eのなかから正しいものはどれか。あてはまるものの組み合わせとして最も適切なものを、次の⓪～⑤のうちから1つ選べ。

ウ

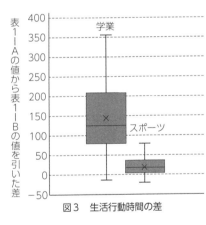

図3 生活行動時間の差

A スマートフォン・パソコンなどの使用時間による生活行動時間の差は、学業の時間よりもスポーツの時間のほうに顕著にあらわれている。

B スマートフォン・パソコンなどの使用時間による生活行動時間の差は、スポーツの時間よりも学業の時間のほうに顕著にあらわれている。

C スマートフォン・パソコンなどの使用時間による生活行動時間の差は、学業の時間とスポーツの時間の両方に同程度にあらわれている。

D スマートフォン・パソコンなどの使用時間が短いグループのほうが、スポーツの時間が長い傾向にある。

E スマートフォン・パソコンなどの使用時間が長いグループのほうが、スポーツの時間が長い傾向にある。

⓪ AとD　　① BとD　　② CとD　　③ AとE　　④ BとE　　⑤ CとE

問4 生徒たちは、表1－Bについて、学業の時間とスポーツの時間の関連を調べることとした。図4は、表1－Bについて、スポーツの時間と学業の時間を散布図であらわしたものである。

都道府県単位で見たとき、スポーツの時間と学業の時間の間には、全体的には弱い正の相関があることがわかった。この場合の正の相関の解釈として最も適切なものを、次の⓪～③のうちから1つ選べ。なお、ここでは、データの範囲を散らばりの度合いとして考えることとする。 エ

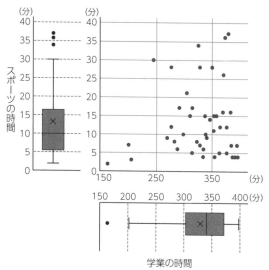

図4 表1－Bのスポーツの時間と学業の時間の散布図

⓪ 学業の時間のほうが、スポーツの時間より散らばりの度合いが大きいと考えられる。
① 学業の時間のほうが、スポーツの時間より散らばりの度合いが小さいと考えられる。
② 学業の時間が長い都道府県ほどスポーツの時間が短くなる傾向がみられる。
③ 学業の時間が長い都道府県ほどスポーツの時間が長くなる傾向がみられる。

問5 次の文章を読み、空欄 オ にあてはまる数字を解答群から選べ。また、空欄 カ に入れるのに最も適切なものを図6の⓪～③から1つ選べ。また、空欄 キ に入れるのに最も適切なものを、解答群のうちから1つ選べ。

生徒たちは、都道府県別に見たときのスポーツの時間を学業の時間で説明する回帰直線を求め、図4の散布図に書き加えた（図5）。すると、回帰直線から大きく離れている県が多いことがわかったため、自分たちの住むS県がどの程度外れているのかを調べようと考えた。なお、このグラフの回帰直線の式は

$$y = 0.0147x + 8.3344$$

であり、S県の実際のスポーツの時間は28分、回帰直線の式から求めたS県のスポーツの時間の推定値は12分である。

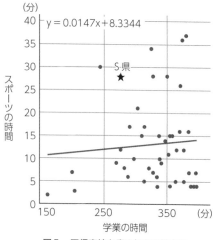

図5 回帰直線を書き加えた散布図

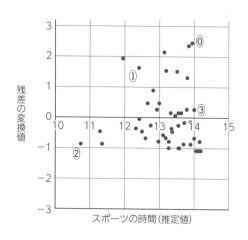

図6 スポーツの時間（推定値）と残差の変換値との関係

実際のスポーツの時間から、回帰直線により推定されるスポーツの時間（本来あらわれるはずのスポーツの時間）を引いた差（これを残差という）の程度を考えることとした。そのために、残差を比較しやすいように、回帰直線の式をもとに、学業の時間から推定されるスポーツの時間（推定値）を横軸に、残差を平均値0、標準偏差1に変換した値（変換値）を縦軸にして、グラフ（図6）を作成した。

図5と図6から読み取ることができることとして、平均値から標準偏差の2倍以上離れた値を外れ値とする基準で考えれば、外れ値となる都道府県の数は　オ　である。

図5中のS県については、図6中の⓪～③のうち　カ　に対応しており、生徒たちはこの基準に従い、S県は　キ　と判断した。

生徒たちは学業の時間以外のほかの要因の影響についても考え、さらに都道府県の特徴について分析することとした。

【　オ　の解答群】
⓪　0個　　　　①　1個　　　　②　2個　　　　③　3個

【　キ　の解答群】
⓪　外れ値となっている　　　　①　外れ値となっていない　　　　②　外れ値かそうでないかどちらともいえない

（令4大学入学共通テスト試作問題　改）

弱点チェックリスト

小見出し: 不正解だった場合に復習するべきポイントと、どのページを復習したらよいかを示しました。

第1問 (p.134～135)

問	記号	内容	参照
問1 a	アイウ	パスワードは情報セキュリティの基本であり、他人に知られないこと、他人に推測されるようなものにしないことが重要である。	➡ p.11 **2** ❷サイバー犯罪の対策、p.14 プロセス **5**
問1 b	エ	誹謗・中傷は、名誉毀損などの犯罪行為である。	➡ p.10 **2** ❶サイバー犯罪の種類
問2 a	オ	著作権は、著作物が創作されたときにはじまり、著作者の死後 70 年を経過するまで存続する。	➡ p.13 **6** ❶ (c) 保護期間、p.15 プロセス **10**、p.16 基本 **23**
問2 b	カキ	著作物を使うときには、著作権者の許諾が必要である。ただし、著作権法には、許諾を得ずに使える例外的な規定がある。	➡ p.13 **6** ❸著作権の制限、p.15 プロセス **11**
問3	クケコサ	図解の方法にはいろいろなものがあるので、すべてを暗記するのは難しい。そのうち、サのベン図は、検索サイトの使い方や論理式など、使われる場面の多い考え方なので、特に慣れておくようにしたい。 また、クの直線構造とコの階層構造は、情報の整理においても重要な概念である。この本だけではすべてを網羅できないので、多くの本や問題を通じて慣れていこう。	➡ p.7 **2** ❶インターネットを活用した情報収集、p.8 基本 **14** ➡ p.48 **2** 情報デザイン、p.50 基本 **85**
問4	シスセ	サイバー犯罪の手口にはいろいろなものがあり、日々、あらたな手口が生み出されている状況であるため、日ごろからいわゆる「ハッカー（クラッカー）」などに関連する事件の報道などに関心をもち、新しい用語に対して意識をもっておくようにしたい。	➡ p.10 **2** ❶サイバー犯罪の種類、p.16 基本 **21**、p.25 章末 **43**

第2問 (p.136～137)

記号	内容	参照
アイウエオカキクケコサ	IPアドレスに関する知識を問うように見えるが、本質は 10 進法の値を 2 進法で表現する問題である。 サブネットマスクなどの用語は、設問文中で説明されているので、そこを読み取れれば理解できる。8桁の 2 進法（8 ビット）であらわせる値は、10 進法の 0～255 にあたる。 サブネットマスクは知っていなくても解答できるが、IP アドレスが何をあらわすものなのかを把握しておかねば、ここで何について会話しているかを読み取るのは困難である。	➡ p.30 **2** ❷ 10 進法と 2 進法、p.34 プロセス **6**、p.36 例題⑤、p.38 基本 **52**、p.52 章末 **90** ➡ p.97 **3** IP アドレス、p.100 基本 **145**、p.102 発展 **154**

第3問 (p.138～139)

問	記号	内容	参照
問1	アイ	コンピュータの基本的な性能を示す値としては、処理速度に関するものと、記憶できる量に関するものがある。	➡ p.62 **1** ❶ハードウェア、p.63 **2** ❷コンピュータの処理速度、p.66 基本 **103**
問2	ウエオカ	何ビットあれば何種類のデータをあらわすことができるかを問う問題である。また、10 進法と 2 進法の変換に慣れておくことが重要になる。	➡ p.30 **1** ❺デジタルのデータ量、p.34 プロセス **3**、p.35 例題②、p.38 基本 **49**、p.39 発展 **58**
問3	キクケ	まず、1 フレームあたりのデータ量を確認する。動画のデータ量は、（1 フレームあたりのデータ量）×（1 秒あたりのフレーム数）×（動画全体の秒数）になる。 データの単位についても、確認しておこう。	➡ p.42 プロセス **3**、p.43 例題⑬、p.54 章末 **96** ➡ p.30 **1** ❺デジタルのデータ量、p.34 プロセス **4**
問4	コサシ	ASCII では 1 文字を 1 バイトであらわすが、扱えるのは英数字と一部の記号だけである。UTF-8 では、日本語で使う多くの文字を扱えるように、1 文字を 3 バイトであらわす。	➡ p.40 **1** ❶文字コード、p.43 例題⑩、p.44 基本 **63**、p.53 章末 **93**
問5 a	ス	表は、データを視覚的にわかりやすく表現するものの例である。 この問題では 1 行目は見出しになっており、列（縦）方向にそのデータが並んでいる。それぞれのデータが、質的データか量的データかを確認しておくとともに、具体的に何をあらわしているのかをきちんと読み取ることが大切である。	➡ p.48 **2** 情報デザイン ➡ p.104 **1** ❶質的データと量的データ、p.107 基本 **163**
問5 b	セ	最頻値は、データの集団のなかで、最も頻繁に出現する値である。ヒストグラムはそれぞれの階級に含まれるデータの数をあらわす図であり、最も棒が高くなっている階級が最頻値に該当することになる。	➡ p.110 **1** ❶度数分布表とヒストグラム、p.111 **2** ❶統計量、p.114 プロセス **1**、p.115 プロセス **11**、p.116 例題㉒、p.117 基本 **174**
問5 c	ソタチ	人口密度の値 10000 を、回帰直線の式の x に代入して計算する。回帰直線が x 軸の 10000 のところで y 軸のどのあたりをさすかを見れば、計算結果が妥当なものであるか確認できる。	➡ p.113 **3** ❷回帰分析、p.116 例題㉓、p.120 発展 **177**

第4問 (p.140～143)

問	記号	内容	参照
問1	アイウ	繰り返す回数が決まる場合の反復構造のなかに、選択構造がはいった入れ子構造になっている。(4) 行めで、入力した値と同じ値を表示させることになるという点に気づくことがポイント。	➡ p.70-71 **3** プログラムの制御構造、p.74 例題⑮、p.75 例題⑱、p.76 基本 **111**-**112**、p.77 基本 **114**-**115**、p.78 発展 **119**
	エオ	入れ子になっている選択構造での分岐が増え、1 回でも割り切れたことがあったら、hantei が false になるようになっていることに気づきたい。	
問2	カ	奇数だけを判定するには、i の値が 3、5、7、…と変化していけばよい。	➡ p.69 **2** ❹ (a) 算術演算子
	キ	平方根（√）は、1/2 乗であることが問題文中で示されている。	
問3	ク	ここでは素数であると判定した数を、順に配列におさめていこうとしている。配列の添え字は 0 から始めているので、そこから 100 番目の添え字は何かを考える。	➡ p.68-69 **2** ❷配列、❸代入、p.72 プロセス **2**
	ケコ	反復構造のなかで、何度も関数「素数判定 ()」をよび出している。関数で、引数を渡して戻り値を受け取る流れについて、慣れておくようにしよう。素数と判定されたときとされていないときとで、どの配列に値を代入するのか、そのあと count や x をいくつ進めるのがよいのかを考える。	➡ p.71 **4** 関数、p.75 例題⑲、p.76 基本 **113**、p.92 章末 **139**、p.94 章末 **142**

第5問 (p.144～147)

問	記号	内容	参照
問1	ア	スマートフォンなどの使用時間や、生活行動の時間のデータはあるが、それを何時ころに使っているかというデータは含まれていないことに気がつく必要がある。	➡ p.111 **1** ❺箱ひげ図、**2** ❶統計量、p.114 プロセス **7**、p.117 基本 **174**
問2	イ	箱の部分は、第 1 四分位数から第 3 四分位数までの範囲をあらわしており、多くのデータがどれくらいの範囲に分布しているかを見やすくした図法である。	
問3	ウ		
問4	エ	相関関係を読み取る問題である。問題の設定ではごく弱い正の相関になっているので散布図だけでは読み取りにくいが、左上に位置する点が少ないことから判断できる。	➡ p.111 **1** ❹ (b) 散布図と相関関係、p.114 プロセス **4**、p.116 例題㉓、p.118 基本 **175**
問5	オ	標準偏差は 1 なので、絶対値が 2 以上の値を数える。標準偏差について、ここでは求め方を意識する必要はないが、散らばりの程度をあらわすものであることは把握しておく。	➡ p.112 **2** ❶ (b) 散布度をあらわす統計量
	カ	S 県の学業の時間を図 5 から読み取り、回帰式の x に代入すれば、スポーツの時間の推定値がわかるので、それに該当する番号を選べばよい。	➡ p.113 **3** ❷回帰分析、p.116 例題㉓
	キ	カで選んだ番号の点が、縦軸方向に絶対値で 2 以上かどうかを考える。	➡ p.112 **2** ❶ (b) 散布度をあらわす統計量、p.115 プロセス **13**

データベースの操作（SQL の SELECT 文）

　リレーショナルデータベースでは、射影、選択、結合という操作を組み合わせて、必要なデータを取り出すことができる。その操作は、SQL という言語で記述するようになっている。そのうち、データを検索する（取得する）命令文 SELECT は利用頻度が高いものであり、知っておくとデータベースの操作の理解に役に立つ。

■ SELECT 文の基本的な構文

```
SELECT 列名 FROM テーブル名 WHERE 条件 ;
```

これは、次のように縦に並べて記述することもできる。

```
SELECT 列名
  FROM テーブル名
  WHERE 条件 ;
```

　これで、意味としては「データを探したい（テーブル名）から、そのなかの（列名）に着目して、（条件）に合致したデータを取得（抜き出す）せよ」という意味になる。FROM で指定したテーブルの SELECT で指定した列について、WHERE で指定した条件にあてはまるレコードのみを集めてテーブルをつくることができる。新しくつくるテーブルは、INTO で指定できる。

生徒名簿

生徒番号	名前	生年月日	クラス
25001	田中花子	2009/12/18	2－1
25002	高橋二郎	2010/02/01	2－3
25003	川口凛花	2009/11/03	2－3
25004	鈴木智子	2009/04/11	2－4

2－3クラス名簿

生徒番号	名前	生年月日	クラス
25002	高橋二郎	2010/02/01	2－3
25003	川口凛花	2009/11/03	2－3

射影（縦に抜き出す）
```
SELECT 生徒番号,名前
  INTO 生徒番号リスト
  FROM 生徒名簿;
```

「生徒名簿」のテーブルから生徒番号と名前のフィールドを抜き出して「生徒番号リスト」のテーブルをつくる

選択（横に抜き出す）
```
SELECT *
  INTO 2－3クラス名簿
  FROM 生徒名簿
  WHERE クラス = '2－3';
```

「生徒名簿」のテーブルからクラスのフィールドが「2－3」のレコードを抜き出して「2－3クラス名簿」のテーブルをつくる

生徒番号リスト

生徒番号	名前
25001	田中花子
25002	高橋二郎
25003	川口凛花
25004	鈴木智子

前期成績

生徒番号	名前	点
25001	田中花子	91
25002	高橋二郎	88
25003	川口凛花	97
25004	鈴木智子	93

前期テスト

生徒番号	点
25001	91
25002	88
25003	97
25004	93

「生徒番号リスト」のテーブルと「前期テスト」のテーブルを「生徒番号」で連結する

結合（同じ値のものをくっつける）
```
SELECT 生徒番号リスト.生徒番号, 生徒番号リスト.名前, 前期テスト.点
  INTO 前期成績
  FROM 生徒番号リスト, 前期テスト
  WHERE 生徒番号リスト.生徒番号 = 前期テスト.生徒番号;
```

プログラミングと疑似コード

　問題を解く手順を正確に定義することで、コンピュータに問題を解かせることができるようになる。コンピュータにおこなわせたい一連の動作を表現したものを**プログラム**、プログラムを作成することを**プログラミング**という。プログラムの書き方である**プログラミング言語**には「Python」や「VBA」などいろいろなものがあり、それぞれが得意とする処理に使われている。

　大学入学共通テストでは、プログラミング言語の要素を日本語で表現した独自の**疑似コード**という方法で、プログラムを表現している。本書では、独立行政法人大学入試センターが公開している「試作問題の概要」「情報」[*1]中の「共通テスト用プログラム表記の例示」を参考に出題している。

(*1)https://www.dnc.ac.jp/kyotsu/shiken_jouhou/r7

①変数名

　変数名は、アルファベットで始まり、数字や『 _ 』の記号を使うことができる。

・小文字で始まる（例：hensuu）：ふつうの変数（値を途中で変化させる場合がある）。

・大文字で始まる（例：Hensuu）：配列。それぞれの配列要素は、Hensuu[0], Hensuu[1] のようにあらわす。

・すべて大文字（例：HENSUU）：定数（値を途中で変化させない）。

②代入と表示

　台形の面積は、（面積）＝（上底＋下底）×高さ÷2で求められる。上底の長さが5、下底の長さが9、高さが4の台形の面積を求めるプログラム例は、次のようになる。かけ算は「*」、割り算は「/」であらわす（→ p.69）。

（疑似コードでの例）

```
(01)   joutei = 5
(02)   katei = 9
(03)   takasa = 4
(04)   menseki = (joutei + katei) * takasa / 2
(05)   表示する (" 面積は ", menseki, " です。")
```

（Python での例）

```
joutei = 5
katei = 9
takasa = 4
menseki = (joutei + katei) * takasa / 2
print(" 面積は ", menseki, " です。")
```

③配列

　配列 Youbi に、「日」「月」「火」「水」「木」「金」「土」の文字がはいっている。0を入力すると「日」、1を入力すると「月」、…、6を入力すると「土」が表示されるプログラム例は、次のようになる。

（疑似コードでの例）

```
(01)   Youbi = [" 日"," 月"," 火"," 水"," 木"," 金"," 土"]
(02)    a =【外部からの入力】
(03)   表示する (Youbi[a])
```

（Python での例）

```
Youbi = [" 日"," 月"," 火"," 水"," 木"," 金"," 土"]
a = int(input())
print(Youbi[a])
```
キーボードから整数値を入力する。

④選択（条件分岐）構造

　変数aに値を入力し、入力した値が「100 未満」か「100 以上 200 未満」か「200 以上」かを表示するプログラム例は、次のようになる。

（疑似コードでの例）

```
(01)   a =【外部からの入力】
(02)   もし a < 100 ならば :
(03)   │  表示する ("100 未満")
(04)   そうでなくもし a < 200 ならば :
(05)   │  表示する ("100 以上 200 未満")
(06)   そうでなければ :
(07)   └ 表示する ("200 以上")
```

（Python での例）

```
a = float(input())
if a < 100:
   print("100 未満")
elif a < 200:
   print("100 以上 200 未満")
else:
   print("200 以上")
```
キーボードから実数値を入力する。

⑤反復(繰り返し)構造(繰り返す回数や繰り返す範囲が決まっているとき) ────────

1から17までの奇数の合計を変数 goukei に求めて表示するプログラム例は、次のようになる。

(疑似コードでの例)

```
(01)  goukei = 0
(02)  a を 1 から 17 まで 2 ずつ増やしながら繰り返す :
(03)  └ goukei = goukei + a
(04)  表示する (goukei)
```

(Python での例)

17 まで繰り返すときは、それよりも 1 大きい 18 を指定する。

```
goukei = 0
for a in range(1, 18, 2):
  goukei = goukei + a
print(goukei)
```

⑥反復(繰り返し)構造(繰り返す回数や繰り返す範囲が決まっていないとき) ────────

「このメールを受け取った人は、すぐ、5 人にこのメールを送らないと不幸になります」というメールにしたがってほんとうに 5 人ずつに出したとすると、いちどに送られるメールが 10 万通をこえるのは何周目かを求めるプログラム例は、次のようになる。

※繰り返しの条件がはじめにある場合

(疑似コードでの例)

```
(01)  goukei = 1
(02)  kaisuu = 0
(03)  goukei <= 100000 の間繰り返す :
(04)  ┌ goukei = goukei * 5
(05)  └ kaisuu = kaisuu + 1
(06)  表示する (kaisuu)
```

(Python での例)

```
goukei = 1
kaisuu = 0
while goukei <= 100000:
  goukei = goukei * 5
  kaisuu = kaisuu + 1
print(kaisuu)
```

※繰り返しのなかで条件を判定し、条件を満たしたら処理を抜ける場合

(疑似コードでの例)

```
(01)  goukei = 1
(02)  kaisuu = 1
(03)  ずっと繰り返す :
(04)  ┌ goukei = goukei * 5
(05)  │ もし goukei > 100000 ならば :
(06)  │   繰り返しを抜ける
(07)  │ そうでなければ :
(08)  └   kaisuu = kaisuu + 1
(09)  表示する (kaisuu)
```

(Python での例)

```
goukei = 1
kaisuu = 1
while True:
  goukei = goukei * 5
  if goukei > 100000:
    break
  else:
    kaisuu = kaisuu + 1
print(kaisuu)
```

⑦ユーザー定義関数

小数点以下を四捨五入する「四捨五入 ()」という関数をつくって、入力した数値の小数点以下を四捨五入した値を表示するプログラム例は、次のようになる(int() は、小数点以下を切り捨てる組みこみ関数)。

(疑似コードでの例)

```
(01)  関数の定義 四捨五入 (x)
(02)  ┌ x = x * 2 + 1
(03)  │ x = int (x / 2)
(04)  └ x を戻り値として返す
(05)  a =【外部からの入力】
(06)  a = 四捨五入 (a)
(07)  表示する (a)
```

(Python での例)

```
def 四捨五入 (x):
  x = x * 2 + 1
  x = int (x / 2)
  return (x)
a = float(input())
a = 四捨五入 (a)
print(a)
```

キーボードから実数値を入力する。

ここで取り上げた「Python での例」は、Google Colaboratory で動作を確認している。興味があれば、実際にプログラムを入力して試してみよう。

表計算ソフトウェアのおもな関数

　表計算ソフトウェアには、さまざまな計算のための関数が用意されている。関数の引数のうち「数値」は、値あるいは値のはいっているセル番地で指定する。

	関数	内容
	使用例	結果
数学	ABS（数値）	数値の絶対値(+、−の符号を除いた数の大きさ)
	=ABS (-15)	この例では、結果として 15 が得られる。
	INT（数値）	数値の小数点以下を切り捨てた整数値
	=INT (3.14)	この例では、結果として 3 が得られる。
	ROUND（数値，桁数）	小数点以下を指定した桁数で数値を丸める(四捨五入)
	=ROUND (2.82828, 2)	この例では、結果として 2.83 が得られる。
	RAND ()	0 以上 1 未満の数をランダムに発生(乱数)
	=RAND ()	実行するたびに異なる 0 以上 1 未満の実数が得られる。
		=INT(RAND()*10)+1 とすれば、1 以上 10 以下の整数がランダムに得られる。
	RANDBETWEEN（最小値，最大値）	最小値以上最大値以下の整数をランダムに発生(乱数)
	= RANDBETWEEN (1, 10)	実行するたびに異なる 1 以上 10 以下の整数が得られる。
	SQRT（数値）	数値の平方根
	=SQRT (2)	この例では、結果として 1.414213562 が得られる(表示が狭いときは丸められる)。
	SUM（範囲）	指定した範囲のセルにはいっている値の合計
	=SUM (F1:F7)	セル F1 から F7 にはいっている値の合計を求める。
統計	AVERAGE（範囲）	指定した範囲のセルにはいっている値の平均値
	=AVERAGE (F1:F7)	セル F1 から F7 にはいっている値の平均値を求める。
	CORREL（範囲1，範囲2）	2 つのセル範囲にあるデータの相関係数
	= CORREL (F1:F10, G1:G10)	セル F1 から F10 とセル G1 から G10 にはいっているデータの相関係数を求める。
	COUNTIF（範囲，検索条件）	指定した範囲のセルにはいっている値のうち条件に合うデータの個数
	=COUNTIF (F1:F7, ">5")	セル F1 から F7 のうち 5 より大きな値のはいっているセルの個数を求める。
	MAX（範囲）	指定した範囲のセルにはいっている値の最大値
	=MAX (F1:F7)	セル F1 から F7 にはいっている値の最大値を求める。
	MIN（範囲）	指定した範囲のセルにはいっている値の最小値
	=MIN (F1:F7)	セル F1 から F7 にはいっている値の最小値を求める。
	MEDIAN（範囲）	指定した範囲のセルにはいっている値の中央値
	=MEDIAN (F1:F7)	セル F1 から F7 にはいっている値の中央値(この場合は7個なので、4番目の値)を求める。値の数が偶数個の場合は、中央の 2 つの数値の平均値を中央値とする。
	MODE（範囲）	指定した範囲のセルにはいっている値のうち出現回数の最も多い値
	=MODE (F1:F7)	セル F1 から F7 にはいっている値のうち、出現回数が最も多い値を求める。
	QUARTILE.INC(範囲，戻り値)	指定した範囲のセルにはいっている値の四分位数　(戻り値は、0〜4)
	=QUARTILE.INC (F1:F7, 1)	セル F1 から F7 にはいっている値の四分位数を求める。戻り値が 0 の場合は最小値、1 は第 1 四分位数、2 は中央値、3 は第 3 四分位数、4 は最大値が求められる。
	RANK（数値，範囲，順序）	指定した範囲のセルでの数値の順位　(順序が 0 は降順、0 以外は昇順)
	=RANK (5, F1:F7, 0)	「5」はセル F1 から F7 にはいっている値のうちでは何番目に大きいかを求める。
	STDEV.P（範囲）	指定した範囲のセルにはいっている値の標準偏差
	=STDEV.P (F1:F7)	セル F1 から F7 にはいっている値について標準偏差を求める。
	VAR.P（範囲）	指定した範囲のセルにはいっている値の分散
	=VAR.P (F1:F7)	セル F1 から F7 にはいっている値について分散を求める。
検索	VLOOKUP（対象，範囲，返すデータの列番号，検索方法）	指定した範囲内で条件に該当する値を返す(検索方法を FALSE にすると完全一致)
	=VLOOKUP (" 山田 ", A2:E10, 2, FALSE)	「山田」という値がある行を、「セル A2 から E10」の左端の列(A 列)からさがし、「2」番目の列(B 列)の値を返す。